AF285880

Manfred Hilberger

WC-Gästebuch

Das etwas andere Gästebuch!
Ihren Gästen wird es Spaß
machen, Geschäfte bei ihnen
zu machen...

1. Auflage, März 2009.

Herstellung und Verlag: Books on Demand GmbH, Norderstedt.

Nachdruck, auch auszugsweise, nur mit ausdrücklicher
Genehmigung der Verfügungsberechtigten erlaubt.

Umschlaggestaltung & Grafik: M. Hilberger / Portrait-vom-Foto.com
Lektorat, Fotos, Satz & Layout: Prunk-Media.de

Kontakt: **www.hilberger.de**

Bibliografische Information der Deutschen Nationalbibliothek
Die Deutsche Nationalbibliothek verzeichnet diese Publikation in der Deutschen Nationalbiblio-
grafie; detaillierte bibliografische Daten sind im Internet über http://dnb.d-nb.de abrufbar.

© 2009 Manfred Hilberger
ISBN 978-3-8370-6601-2

Vorwort

Waren sie schon einmal irgendwo zu Besuch, wo sie in ein Gästebuch schreiben sollten? Dann kennen sie das ja: es nervt, sich mit aller Gewalt irgendetwas lustiges, geistreiches oder charmantes einfallen lassen zu müssen, obwohl sie die Zeit lieber mit ihren Gastgebern oder anderen Gästen verbringen würden.

Dieses Gästebuch ist anders – ganz anders!
In das WC-Gästebuch schreiben die Gäste DANN, wenn sie eh zwei Hände frei und nichts besseres zu tun haben... und so ist die Zeit, die man gezwungenermaßen auf der Toilette verbringen muss, nicht „verschissen"...

Und bei DIESEM Gästebuch muss sich auch niemand genötigt fühlen, über lustige oder freundliche Sprüche nachzudenken. Wer gerne dichtet oder seine Gedanken preisgeben möchte, kann dies hier tun – ansonsten genügt es aber auch, vorgefertigte Antworten anzukreuzen. Zudem finden sie am Ende des Buches zahlreiche inspirierende Klosprüche.

So dient das WC-Gästebuch mit seinen Fragebögen zum Einen als tolle Erinnerung für die Gastgeber und zum Anderen als lustige Abwechslung für die Gäste!

In diesem Sinne: viel Spaß und
eine gute Verrichtung!

Inhalt

Wichtiger Hinweis für die
Benutzung dieser Toilette:

Aus hygienischen Gründen wird diese Toilette videoüberwacht!

Weitere Hinweise des Toiletten-Besitzers:

....

....

....

....

....

....

....

....

....

Für den Notfall:

Sollten sie an dieser Stelle
keine WC-Papier-Notreserve
mehr vorfinden – viel Glück!

Bitte füllen sie nun bei ihrem WC-Besuch den nächsten freien Fragebogen aus!

Dies dient unter anderem für statistische Erhebungen bezüglich der Sauberkeit dieser Toilette. Sollten sie mit der Veröffentlichung ihrer persönlichen Angaben bezüglich ihrer „Geschäfts-Tätigkeit" nicht einverstanden sein, weisen sie ihre Gastgeber bitte umgehend nach ihrem WC-Aufenthalt darauf hin.

Ihr persönlicher WC-Fragebogen:

Name des WC-Besuchers: _____

Datum des WC-Besuchs: _____ Zeit: _____

Grund des WC-Besuchs: ☐ kleines Geschäft (☐ stehend ☐ sitzend)
☐ großes Geschäft (☐ dünn ☐ fluffig ☐ hart)

Dauer des WC-Besuchs: ☐ ein bis drei Minuten ☐ drei bis fünf Minuten
☐ fünf bis zehn Minuten ☐ länger
☐ länger, als gewöhnlich, um in diesem Buch zu
lesen und schreiben

War das WC sauber? ☐ ja ☐ nein ☐ war ok ☐ hinterher nicht mehr

Waschen sie sich ☐ ja ☐ nein ☐ mal sehen ☐ manchmal
hinterher die Hände? ☐ gibt's hier Desinfektionsmittel? ☐ warum?

Der WC-Besuch war... ☐ rechtzeitig ☐ knapp ☐ zu spät
☐ interessant ☐ doof ☐ mal was anderes
☐ schön ☐ lustig ☐ _____

An was haben sie bei _____
dem WC-Besuch gedacht?
_____

Was taten sie während ☐ nichts ☐ nachdenken
des Geschäfts? ☐ lesen/schreiben ☐ an etwas rumspielen
☐ _____

(Nur bei Stehgeschäften):
Haben sie sich wenigstens ☐ ja ☐ nein ☐ ich sehe und spüre nichts
ordentlich vollgepinkelt? ☐ der letzte Tropfen geht immer in die Hose

Ein Motto, Spruch oder _____
irgendetwas, das ihnen
gerade einfällt: _____
(falls sie keine Idee haben,
können sie sich ab Seite _____
59 inspirieren lassen)

_____

Ihr persönlicher WC-Fragebogen:

Name des WC-Besuchers: _____

Datum des WC-Besuchs: _____ Zeit: _____

Grund des WC-Besuchs: ☐ kleines Geschäft (☐ stehend ☐ sitzend)
☐ großes Geschäft (☐ dünn ☐ fluffig ☐ hart)

Dauer des WC-Besuchs: ☐ ein bis drei Minuten ☐ drei bis fünf Minuten
☐ fünf bis zehn Minuten ☐ länger
☐ länger, als gewöhnlich, um in diesem Buch zu
lesen und schreiben

War das WC sauber? ☐ ja ☐ nein ☐ war ok ☐ hinterher nicht mehr

Waschen sie sich ☐ ja ☐ nein ☐ mal sehen ☐ manchmal
hinterher die Hände? ☐ gibt's hier Desinfektionsmittel? ☐ warum?

Der WC-Besuch war... ☐ rechtzeitig ☐ knapp ☐ zu spät
☐ interessant ☐ doof ☐ mal was anderes
☐ schön ☐ lustig ☐ _____

An was haben sie bei _____
dem WC-Besuch gedacht?
_____

Was taten sie während ☐ nichts ☐ nachdenken
des Geschäfts? ☐ lesen/schreiben ☐ an etwas rumspielen
☐ _____

(Nur bei Stehgeschäften):
Haben sie sich wenigstens ☐ ja ☐ nein ☐ ich sehe und spüre nichts
ordentlich vollgepinkelt? ☐ der letzte Tropfen geht immer in die Hose

Ein Motto, Spruch oder _____
irgendetwas, das ihnen
gerade einfällt: _____
(falls sie keine Idee haben,
können sie sich ab Seite _____
59 inspirieren lassen)

_____

Ihr persönlicher WC-Fragebogen:

Name des WC-Besuchers: _____

Datum des WC-Besuchs: _____ Zeit: _____

Grund des WC-Besuchs:
☐ kleines Geschäft (☐ stehend ☐ sitzend)
☐ großes Geschäft (☐ dünn ☐ fluffig ☐ hart)

Dauer des WC-Besuchs:
☐ ein bis drei Minuten ☐ drei bis fünf Minuten
☐ fünf bis zehn Minuten ☐ länger
☐ länger, als gewöhnlich, um in diesem Buch zu lesen und schreiben

War das WC sauber?
☐ ja ☐ nein ☐ war ok ☐ hinterher nicht mehr

Waschen sie sich hinterher die Hände?
☐ ja ☐ nein ☐ mal sehen ☐ manchmal
☐ gibt's hier Desinfektionsmittel? ☐ warum?

Der WC-Besuch war...
☐ rechtzeitig ☐ knapp ☐ zu spät
☐ interessant ☐ doof ☐ mal was anderes
☐ schön ☐ lustig ☐ _____

An was haben sie bei dem WC-Besuch gedacht?
_____
_____

Was taten sie während des Geschäfts?
☐ nichts ☐ nachdenken
☐ lesen/schreiben ☐ an etwas rumspielen
☐ _____

(Nur bei Stehgeschäften):
Haben sie sich wenigstens ordentlich vollgepinkelt?
☐ ja ☐ nein ☐ ich sehe und spüre nichts
☐ der letzte Tropfen geht immer in die Hose

Ein Motto, Spruch oder irgendetwas, das ihnen gerade einfällt:
(falls sie keine Idee haben, können sie sich ab Seite 59 inspirieren lassen)
_____
_____
_____
_____

Ihr persönlicher WC-Fragebogen:

Name des WC-Besuchers: _____

Datum des WC-Besuchs: _____ Zeit: _____

Grund des WC-Besuchs: ☐ kleines Geschäft (☐ stehend ☐ sitzend)
☐ großes Geschäft (☐ dünn ☐ fluffig ☐ hart)

Dauer des WC-Besuchs: ☐ ein bis drei Minuten ☐ drei bis fünf Minuten
☐ fünf bis zehn Minuten ☐ länger
☐ länger, als gewöhnlich, um in diesem Buch zu
lesen und schreiben

War das WC sauber? ☐ ja ☐ nein ☐ war ok ☐ hinterher nicht mehr

**Waschen sie sich
hinterher die Hände?** ☐ ja ☐ nein ☐ mal sehen ☐ manchmal
☐ gibt's hier Desinfektionsmittel? ☐ warum?

Der WC-Besuch war... ☐ rechtzeitig ☐ knapp ☐ zu spät
☐ interessant ☐ doof ☐ mal was anderes
☐ schön ☐ lustig ☐ _____

**An was haben sie bei
dem WC-Besuch gedacht?** _____

_____

**Was taten sie während
des Geschäfts?** ☐ nichts ☐ nachdenken
☐ lesen/schreiben ☐ an etwas rumspielen
☐ _____

(Nur bei Stehgeschäften):
Haben sie sich wenigstens ☐ ja ☐ nein ☐ ich sehe und spüre nichts
ordentlich vollgepinkelt? ☐ der letzte Tropfen geht immer in die Hose

**Ein Motto, Spruch oder
irgendetwas, das ihnen
gerade einfällt:** _____
(falls sie keine Idee haben,
können sie sich ab Seite _____
59 inspirieren lassen)

_____

Ihr persönlicher WC-Fragebogen:

Name des WC-Besuchers: _____

Datum des WC-Besuchs: _____ Zeit: _____

Grund des WC-Besuchs:
☐ kleines Geschäft (☐ stehend ☐ sitzend)
☐ großes Geschäft (☐ dünn ☐ fluffig ☐ hart)

Dauer des WC-Besuchs:
☐ ein bis drei Minuten ☐ drei bis fünf Minuten
☐ fünf bis zehn Minuten ☐ länger
☐ länger, als gewöhnlich, um in diesem Buch zu lesen und schreiben

War das WC sauber?
☐ ja ☐ nein ☐ war ok ☐ hinterher nicht mehr

Waschen sie sich hinterher die Hände?
☐ ja ☐ nein ☐ mal sehen ☐ manchmal
☐ gibt's hier Desinfektionsmittel? ☐ warum?

Der WC-Besuch war...
☐ rechtzeitig ☐ knapp ☐ zu spät
☐ interessant ☐ doof ☐ mal was anderes
☐ schön ☐ lustig ☐ _____

An was haben sie bei dem WC-Besuch gedacht?
_____
_____

Was taten sie während des Geschäfts?
☐ nichts ☐ nachdenken
☐ lesen/schreiben ☐ an etwas rumspielen
☐ _____

(Nur bei Stehgeschäften):
Haben sie sich wenigstens ordentlich vollgepinkelt?
☐ ja ☐ nein ☐ ich sehe und spüre nichts
☐ der letzte Tropfen geht immer in die Hose

Ein Motto, Spruch oder irgendetwas, das ihnen gerade einfällt:
(falls sie keine Idee haben, können sie sich ab Seite 59 inspirieren lassen)
_____
_____
_____
_____

11

Ihr persönlicher WC-Fragebogen:

Name des WC-Besuchers: _____

Datum des WC-Besuchs: _____ Zeit: _____

Grund des WC-Besuchs: ☐ kleines Geschäft (☐ stehend ☐ sitzend)
☐ großes Geschäft (☐ dünn ☐ fluffig ☐ hart)

Dauer des WC-Besuchs: ☐ ein bis drei Minuten ☐ drei bis fünf Minuten
☐ fünf bis zehn Minuten ☐ länger
☐ länger, als gewöhnlich, um in diesem Buch zu
lesen und schreiben

War das WC sauber? ☐ ja ☐ nein ☐ war ok ☐ hinterher nicht mehr

**Waschen sie sich
hinterher die Hände?** ☐ ja ☐ nein ☐ mal sehen ☐ manchmal
☐ gibt's hier Desinfektionsmittel? ☐ warum?

Der WC-Besuch war... ☐ rechtzeitig ☐ knapp ☐ zu spät
☐ interessant ☐ doof ☐ mal was anderes
☐ schön ☐ lustig ☐ _____

**An was haben sie bei
dem WC-Besuch gedacht?** _____

_____

**Was taten sie während
des Geschäfts?** ☐ nichts ☐ nachdenken
☐ lesen/schreiben ☐ an etwas rumspielen
☐ _____

(Nur bei Stehgeschäften):
Haben sie sich wenigstens ☐ ja ☐ nein ☐ ich sehe und spüre nichts
ordentlich vollgepinkelt? ☐ der letzte Tropfen geht immer in die Hose

**Ein Motto, Spruch oder
irgendetwas, das ihnen
gerade einfällt:**
(falls sie keine Idee haben,
können sie sich ab Seite
59 inspirieren lassen) _____

_____

_____

_____

Ihr persönlicher WC-Fragebogen:

Name des WC-Besuchers: _____

Datum des WC-Besuchs: _____ Zeit: _____

Grund des WC-Besuchs: ☐ kleines Geschäft (☐ stehend ☐ sitzend)
☐ großes Geschäft (☐ dünn ☐ fluffig ☐ hart)

Dauer des WC-Besuchs: ☐ ein bis drei Minuten ☐ drei bis fünf Minuten
☐ fünf bis zehn Minuten ☐ länger
☐ länger, als gewöhnlich, um in diesem Buch zu
lesen und schreiben

War das WC sauber? ☐ ja ☐ nein ☐ war ok ☐ hinterher nicht mehr

Waschen sie sich ☐ ja ☐ nein ☐ mal sehen ☐ manchmal
hinterher die Hände? ☐ gibt's hier Desinfektionsmittel? ☐ warum?

Der WC-Besuch war... ☐ rechtzeitig ☐ knapp ☐ zu spät
☐ interessant ☐ doof ☐ mal was anderes
☐ schön ☐ lustig ☐ _____

An was haben sie bei _____
dem WC-Besuch gedacht?
_____

Was taten sie während ☐ nichts ☐ nachdenken
des Geschäfts? ☐ lesen/schreiben ☐ an etwas rumspielen
☐ _____

(Nur bei Stehgeschäften):
Haben sie sich wenigstens ☐ ja ☐ nein ☐ ich sehe und spüre nichts
ordentlich vollgepinkelt? ☐ der letzte Tropfen geht immer in die Hose

Ein Motto, Spruch oder _____
irgendetwas, das ihnen
gerade einfällt: _____
(falls sie keine Idee haben,
können sie sich ab Seite _____
59 inspirieren lassen)

_____

Ihr persönlicher WC-Fragebogen:

Name des WC-Besuchers: _____

Datum des WC-Besuchs: _____ Zeit: _____

Grund des WC-Besuchs: ☐ kleines Geschäft (☐ stehend ☐ sitzend)
☐ großes Geschäft (☐ dünn ☐ fluffig ☐ hart)

Dauer des WC-Besuchs: ☐ ein bis drei Minuten ☐ drei bis fünf Minuten
☐ fünf bis zehn Minuten ☐ länger
☐ länger, als gewöhnlich, um in diesem Buch zu
lesen und schreiben

War das WC sauber? ☐ ja ☐ nein ☐ war ok ☐ hinterher nicht mehr

**Waschen sie sich
hinterher die Hände?** ☐ ja ☐ nein ☐ mal sehen ☐ manchmal
☐ gibt's hier Desinfektionsmittel? ☐ warum?

Der WC-Besuch war... ☐ rechtzeitig ☐ knapp ☐ zu spät
☐ interessant ☐ doof ☐ mal was anderes
☐ schön ☐ lustig ☐ _____

**An was haben sie bei
dem WC-Besuch gedacht?** _____

_____

**Was taten sie während
des Geschäfts?** ☐ nichts ☐ nachdenken
☐ lesen/schreiben ☐ an etwas rumspielen
☐ _____

(Nur bei Stehgeschäften):
Haben sie sich wenigstens ☐ ja ☐ nein ☐ ich sehe und spüre nichts
ordentlich vollgepinkelt? ☐ der letzte Tropfen geht immer in die Hose

**Ein Motto, Spruch oder
irgendetwas, das ihnen
gerade einfällt:** _____

(falls sie keine Idee haben,
können sie sich ab Seite _____
59 inspirieren lassen)

_____

14

Ihr persönlicher WC-Fragebogen:

Name des WC-Besuchers: _____

Datum des WC-Besuchs: _____ Zeit: _____

Grund des WC-Besuchs: ☐ kleines Geschäft (☐ stehend ☐ sitzend)
☐ großes Geschäft (☐ dünn ☐ fluffig ☐ hart)

Dauer des WC-Besuchs: ☐ ein bis drei Minuten ☐ drei bis fünf Minuten
☐ fünf bis zehn Minuten ☐ länger
☐ länger, als gewöhnlich, um in diesem Buch zu
lesen und schreiben

War das WC sauber? ☐ ja ☐ nein ☐ war ok ☐ hinterher nicht mehr

Waschen sie sich ☐ ja ☐ nein ☐ mal sehen ☐ manchmal
hinterher die Hände? ☐ gibt's hier Desinfektionsmittel? ☐ warum?

Der WC-Besuch war... ☐ rechtzeitig ☐ knapp ☐ zu spät
☐ interessant ☐ doof ☐ mal was anderes
☐ schön ☐ lustig ☐ _____

An was haben sie bei _____
dem WC-Besuch gedacht?
_____

Was taten sie während ☐ nichts ☐ nachdenken
des Geschäfts? ☐ lesen/schreiben ☐ an etwas rumspielen
☐ _____

(Nur bei Stehgeschäften):
Haben sie sich wenigstens ☐ ja ☐ nein ☐ ich sehe und spüre nichts
ordentlich vollgepinkelt? ☐ der letzte Tropfen geht immer in die Hose

Ein Motto, Spruch oder _____
irgendetwas, das ihnen
gerade einfällt: _____
(falls sie keine Idee haben,
können sie sich ab Seite _____
59 inspirieren lassen)

_____

15

Ihr persönlicher WC-Fragebogen:

Name des WC-Besuchers: _____

Datum des WC-Besuchs: _____ Zeit: _____

Grund des WC-Besuchs: ☐ kleines Geschäft (☐ stehend ☐ sitzend)
☐ großes Geschäft (☐ dünn ☐ fluffig ☐ hart)

Dauer des WC-Besuchs: ☐ ein bis drei Minuten ☐ drei bis fünf Minuten
☐ fünf bis zehn Minuten ☐ länger
☐ länger, als gewöhnlich, um in diesem Buch zu
lesen und schreiben

War das WC sauber? ☐ ja ☐ nein ☐ war ok ☐ hinterher nicht mehr

Waschen sie sich
hinterher die Hände? ☐ ja ☐ nein ☐ mal sehen ☐ manchmal
☐ gibt's hier Desinfektionsmittel? ☐ warum?

Der WC-Besuch war... ☐ rechtzeitig ☐ knapp ☐ zu spät
☐ interessant ☐ doof ☐ mal was anderes
☐ schön ☐ lustig ☐ _____

An was haben sie bei _____
dem WC-Besuch gedacht?
_____

Was taten sie während ☐ nichts ☐ nachdenken
des Geschäfts? ☐ lesen/schreiben ☐ an etwas rumspielen
☐ _____

(Nur bei Stehgeschäften):
Haben sie sich wenigstens ☐ ja ☐ nein ☐ ich sehe und spüre nichts
ordentlich vollgepinkelt? ☐ der letzte Tropfen geht immer in die Hose

Ein Motto, Spruch oder _____
irgendetwas, das ihnen
gerade einfällt:
(falls sie keine Idee haben, _____
können sie sich ab Seite
59 inspirieren lassen) _____

_____

16

Ihr persönlicher WC-Fragebogen:

Name des WC-Besuchers: _____

Datum des WC-Besuchs: _____ Zeit: _____

Grund des WC-Besuchs: ☐ kleines Geschäft (☐ stehend ☐ sitzend)
☐ großes Geschäft (☐ dünn ☐ fluffig ☐ hart)

Dauer des WC-Besuchs: ☐ ein bis drei Minuten ☐ drei bis fünf Minuten
☐ fünf bis zehn Minuten ☐ länger
☐ länger, als gewöhnlich, um in diesem Buch zu lesen und schreiben

War das WC sauber? ☐ ja ☐ nein ☐ war ok ☐ hinterher nicht mehr

Waschen sie sich hinterher die Hände? ☐ ja ☐ nein ☐ mal sehen ☐ manchmal
☐ gibt's hier Desinfektionsmittel? ☐ warum?

Der WC-Besuch war... ☐ rechtzeitig ☐ knapp ☐ zu spät
☐ interessant ☐ doof ☐ mal was anderes
☐ schön ☐ lustig ☐ _____

An was haben sie bei dem WC-Besuch gedacht? _____

_____

Was taten sie während des Geschäfts? ☐ nichts ☐ nachdenken
☐ lesen/schreiben ☐ an etwas rumspielen
☐ _____

(Nur bei Stehgeschäften):
Haben sie sich wenigstens ordentlich vollgepinkelt? ☐ ja ☐ nein ☐ ich sehe und spüre nichts
☐ der letzte Tropfen geht immer in die Hose

Ein Motto, Spruch oder irgendetwas, das ihnen gerade einfällt:
(falls sie keine Idee haben, können sie sich ab Seite 59 inspirieren lassen)

_____

_____

_____

_____

Ihr persönlicher WC-Fragebogen:

Name des WC-Besuchers: _____

Datum des WC-Besuchs: _____ Zeit: _____

Grund des WC-Besuchs: ☐ kleines Geschäft (☐ stehend ☐ sitzend)
☐ großes Geschäft (☐ dünn ☐ fluffig ☐ hart)

Dauer des WC-Besuchs: ☐ ein bis drei Minuten ☐ drei bis fünf Minuten
☐ fünf bis zehn Minuten ☐ länger
☐ länger, als gewöhnlich, um in diesem Buch zu
lesen und schreiben

War das WC sauber? ☐ ja ☐ nein ☐ war ok ☐ hinterher nicht mehr

**Waschen sie sich
hinterher die Hände?** ☐ ja ☐ nein ☐ mal sehen ☐ manchmal
☐ gibt's hier Desinfektionsmittel? ☐ warum?

Der WC-Besuch war... ☐ rechtzeitig ☐ knapp ☐ zu spät
☐ interessant ☐ doof ☐ mal was anderes
☐ schön ☐ lustig ☐ _____

**An was haben sie bei
dem WC-Besuch gedacht?** _____

_____

**Was taten sie während
des Geschäfts?** ☐ nichts ☐ nachdenken
☐ lesen/schreiben ☐ an etwas rumspielen
☐ _____

(Nur bei Stehgeschäften):
Haben sie sich wenigstens ☐ ja ☐ nein ☐ ich sehe und spüre nichts
ordentlich vollgepinkelt? ☐ der letzte Tropfen geht immer in die Hose

**Ein Motto, Spruch oder
irgendetwas, das ihnen
gerade einfällt:**
(falls sie keine Idee haben,
können sie sich ab Seite
59 inspirieren lassen) _____

_____

_____

Ihr persönlicher WC-Fragebogen:

Name des WC-Besuchers: _____

Datum des WC-Besuchs: _____ Zeit: _____

Grund des WC-Besuchs: ☐ kleines Geschäft (☐ stehend ☐ sitzend)
☐ großes Geschäft (☐ dünn ☐ fluffig ☐ hart)

Dauer des WC-Besuchs: ☐ ein bis drei Minuten ☐ drei bis fünf Minuten
☐ fünf bis zehn Minuten ☐ länger
☐ länger, als gewöhnlich, um in diesem Buch zu
lesen und schreiben

War das WC sauber? ☐ ja ☐ nein ☐ war ok ☐ hinterher nicht mehr

Waschen sie sich ☐ ja ☐ nein ☐ mal sehen ☐ manchmal
hinterher die Hände? ☐ gibt's hier Desinfektionsmittel? ☐ warum?

Der WC-Besuch war... ☐ rechtzeitig ☐ knapp ☐ zu spät
☐ interessant ☐ doof ☐ mal was anderes
☐ schön ☐ lustig ☐ _____

An was haben sie bei _____ _____
dem WC-Besuch gedacht?
_____

Was taten sie während ☐ nichts ☐ nachdenken
des Geschäfts? ☐ lesen/schreiben ☐ an etwas rumspielen
☐ _____

(Nur bei Stehgeschäften):
Haben sie sich wenigstens ☐ ja ☐ nein ☐ ich sehe und spüre nichts
ordentlich vollgepinkelt? ☐ der letzte Tropfen geht immer in die Hose

Ein Motto, Spruch oder _____
irgendetwas, das ihnen
gerade einfällt: _____
(falls sie keine Idee haben,
können sie sich ab Seite _____
59 inspirieren lassen)

_____

Ihr persönlicher WC-Fragebogen:

Name des WC-Besuchers: _____

Datum des WC-Besuchs: _____ Zeit: _____

Grund des WC-Besuchs: ☐ kleines Geschäft (☐ stehend ☐ sitzend)
☐ großes Geschäft (☐ dünn ☐ fluffig ☐ hart)

Dauer des WC-Besuchs: ☐ ein bis drei Minuten ☐ drei bis fünf Minuten
☐ fünf bis zehn Minuten ☐ länger
☐ länger, als gewöhnlich, um in diesem Buch zu
lesen und schreiben

War das WC sauber? ☐ ja ☐ nein ☐ war ok ☐ hinterher nicht mehr

Waschen sie sich
hinterher die Hände? ☐ ja ☐ nein ☐ mal sehen ☐ manchmal
☐ gibt's hier Desinfektionsmittel? ☐ warum?

Der WC-Besuch war... ☐ rechtzeitig ☐ knapp ☐ zu spät
☐ interessant ☐ doof ☐ mal was anderes
☐ schön ☐ lustig ☐ _____

An was haben sie bei
dem WC-Besuch gedacht? _____

_____

Was taten sie während
des Geschäfts? ☐ nichts ☐ nachdenken
☐ lesen/schreiben ☐ an etwas rumspielen
☐ _____

(Nur bei Stehgeschäften):
Haben sie sich wenigstens ☐ ja ☐ nein ☐ ich sehe und spüre nichts
ordentlich vollgepinkelt? ☐ der letzte Tropfen geht immer in die Hose

Ein Motto, Spruch oder
irgendetwas, das ihnen _____
gerade einfällt:
(falls sie keine Idee haben, _____
können sie sich ab Seite
59 inspirieren lassen) _____

_____

Ihr persönlicher WC-Fragebogen:

Name des WC-Besuchers: _____

Datum des WC-Besuchs: _____ Zeit: _____

Grund des WC-Besuchs: ☐ kleines Geschäft (☐ stehend ☐ sitzend)
☐ großes Geschäft (☐ dünn ☐ fluffig ☐ hart)

Dauer des WC-Besuchs: ☐ ein bis drei Minuten ☐ drei bis fünf Minuten
☐ fünf bis zehn Minuten ☐ länger
☐ länger, als gewöhnlich, um in diesem Buch zu
lesen und schreiben

War das WC sauber? ☐ ja ☐ nein ☐ war ok ☐ hinterher nicht mehr

Waschen sie sich ☐ ja ☐ nein ☐ mal sehen ☐ manchmal
hinterher die Hände? ☐ gibt's hier Desinfektionsmittel? ☐ warum?

Der WC-Besuch war... ☐ rechtzeitig ☐ knapp ☐ zu spät
☐ interessant ☐ doof ☐ mal was anderes
☐ schön ☐ lustig ☐ _____

An was haben sie bei _____
dem WC-Besuch gedacht?
_____

Was taten sie während ☐ nichts ☐ nachdenken
des Geschäfts? ☐ lesen/schreiben ☐ an etwas rumspielen
☐ _____

(Nur bei Stehgeschäften):
Haben sie sich wenigstens ☐ ja ☐ nein ☐ ich sehe und spüre nichts
ordentlich vollgepinkelt? ☐ der letzte Tropfen geht immer in die Hose

Ein Motto, Spruch oder _____
irgendetwas, das ihnen
gerade einfällt:
(falls sie keine Idee haben, _____
können sie sich ab Seite
59 inspirieren lassen) _____

_____

Ihr persönlicher WC-Fragebogen:

Name des WC-Besuchers: _____

Datum des WC-Besuchs: _____ Zeit: _____

Grund des WC-Besuchs: ☐ kleines Geschäft (☐ stehend ☐ sitzend)
☐ großes Geschäft (☐ dünn ☐ fluffig ☐ hart)

Dauer des WC-Besuchs: ☐ ein bis drei Minuten ☐ drei bis fünf Minuten
☐ fünf bis zehn Minuten ☐ länger
☐ länger, als gewöhnlich, um in diesem Buch zu lesen und schreiben

War das WC sauber? ☐ ja ☐ nein ☐ war ok ☐ hinterher nicht mehr

Waschen sie sich hinterher die Hände? ☐ ja ☐ nein ☐ mal sehen ☐ manchmal
☐ gibt's hier Desinfektionsmittel? ☐ warum?

Der WC-Besuch war... ☐ rechtzeitig ☐ knapp ☐ zu spät
☐ interessant ☐ doof ☐ mal was anderes
☐ schön ☐ lustig ☐ _____

An was haben sie bei dem WC-Besuch gedacht? _____

_____

Was taten sie während des Geschäfts? ☐ nichts ☐ nachdenken
☐ lesen/schreiben ☐ an etwas rumspielen
☐ _____

(Nur bei Stehgeschäften):
Haben sie sich wenigstens ordentlich vollgepinkelt? ☐ ja ☐ nein ☐ ich sehe und spüre nichts
☐ der letzte Tropfen geht immer in die Hose

Ein Motto, Spruch oder irgendetwas, das ihnen gerade einfällt:
(falls sie keine Idee haben, können sie sich ab Seite 59 inspirieren lassen)

_____

_____

_____

_____

22

Ihr persönlicher WC-Fragebogen:

Name des WC-Besuchers: _____

Datum des WC-Besuchs: _____ Zeit: _____

Grund des WC-Besuchs: ☐ kleines Geschäft (☐ stehend ☐ sitzend)
☐ großes Geschäft (☐ dünn ☐ fluffig ☐ hart)

Dauer des WC-Besuchs: ☐ ein bis drei Minuten ☐ drei bis fünf Minuten
☐ fünf bis zehn Minuten ☐ länger
☐ länger, als gewöhnlich, um in diesem Buch zu
lesen und schreiben

War das WC sauber? ☐ ja ☐ nein ☐ war ok ☐ hinterher nicht mehr

Waschen sie sich ☐ ja ☐ nein ☐ mal sehen ☐ manchmal
hinterher die Hände? ☐ gibt's hier Desinfektionsmittel? ☐ warum?

Der WC-Besuch war... ☐ rechtzeitig ☐ knapp ☐ zu spät
☐ interessant ☐ doof ☐ mal was anderes
☐ schön ☐ lustig ☐ _____

An was haben sie bei _____
dem WC-Besuch gedacht?
_____

Was taten sie während ☐ nichts ☐ nachdenken
des Geschäfts? ☐ lesen/schreiben ☐ an etwas rumspielen
☐ _____

(Nur bei Stehgeschäften):
Haben sie sich wenigstens ☐ ja ☐ nein ☐ ich sehe und spüre nichts
ordentlich vollgepinkelt? ☐ der letzte Tropfen geht immer in die Hose

Ein Motto, Spruch oder _____
irgendetwas, das ihnen
gerade einfällt: _____
(falls sie keine Idee haben,
können sie sich ab Seite _____
59 inspirieren lassen)

_____

Ihr persönlicher WC-Fragebogen:

Name des WC-Besuchers: _____

Datum des WC-Besuchs: _____ Zeit: _____

Grund des WC-Besuchs: ☐ kleines Geschäft (☐ stehend ☐ sitzend)
☐ großes Geschäft (☐ dünn ☐ fluffig ☐ hart)

Dauer des WC-Besuchs: ☐ ein bis drei Minuten ☐ drei bis fünf Minuten
☐ fünf bis zehn Minuten ☐ länger
☐ länger, als gewöhnlich, um in diesem Buch zu lesen und schreiben

War das WC sauber? ☐ ja ☐ nein ☐ war ok ☐ hinterher nicht mehr

Waschen sie sich hinterher die Hände? ☐ ja ☐ nein ☐ mal sehen ☐ manchmal
☐ gibt's hier Desinfektionsmittel? ☐ warum?

Der WC-Besuch war... ☐ rechtzeitig ☐ knapp ☐ zu spät
☐ interessant ☐ doof ☐ mal was anderes
☐ schön ☐ lustig ☐ _____

An was haben sie bei dem WC-Besuch gedacht? _____

_____

Was taten sie während des Geschäfts? ☐ nichts ☐ nachdenken
☐ lesen/schreiben ☐ an etwas rumspielen
☐ _____

(Nur bei Stehgeschäften):
Haben sie sich wenigstens ordentlich vollgepinkelt? ☐ ja ☐ nein ☐ ich sehe und spüre nichts
☐ der letzte Tropfen geht immer in die Hose

Ein Motto, Spruch oder irgendetwas, das ihnen gerade einfällt:
(falls sie keine Idee haben, können sie sich ab Seite 59 inspirieren lassen)

_____

_____

_____

_____

Ihr persönlicher WC-Fragebogen:

Name des WC-Besuchers: _____

Datum des WC-Besuchs: _____ Zeit: _____

Grund des WC-Besuchs: ☐ kleines Geschäft (☐ stehend ☐ sitzend)
☐ großes Geschäft (☐ dünn ☐ fluffig ☐ hart)

Dauer des WC-Besuchs: ☐ ein bis drei Minuten ☐ drei bis fünf Minuten
☐ fünf bis zehn Minuten ☐ länger
☐ länger, als gewöhnlich, um in diesem Buch zu
lesen und schreiben

War das WC sauber? ☐ ja ☐ nein ☐ war ok ☐ hinterher nicht mehr

Waschen sie sich ☐ ja ☐ nein ☐ mal sehen ☐ manchmal
hinterher die Hände? ☐ gibt's hier Desinfektionsmittel? ☐ warum?

Der WC-Besuch war... ☐ rechtzeitig ☐ knapp ☐ zu spät
☐ interessant ☐ doof ☐ mal was anderes
☐ schön ☐ lustig ☐ _____

An was haben sie bei _____
dem WC-Besuch gedacht?
_____

Was taten sie während ☐ nichts ☐ nachdenken
des Geschäfts? ☐ lesen/schreiben ☐ an etwas rumspielen
☐ _____

(Nur bei Stehgeschäften):
Haben sie sich wenigstens ☐ ja ☐ nein ☐ ich sehe und spüre nichts
ordentlich vollgepinkelt? ☐ der letzte Tropfen geht immer in die Hose

Ein Motto, Spruch oder _____
irgendetwas, das ihnen
gerade einfällt: _____
(falls sie keine Idee haben,
können sie sich ab Seite _____
59 inspirieren lassen)

_____

Ihr persönlicher WC-Fragebogen:

Name des WC-Besuchers: _____

Datum des WC-Besuchs: _____ Zeit: _____

Grund des WC-Besuchs: ☐ kleines Geschäft (☐ stehend ☐ sitzend)
☐ großes Geschäft (☐ dünn ☐ fluffig ☐ hart)

Dauer des WC-Besuchs: ☐ ein bis drei Minuten ☐ drei bis fünf Minuten
☐ fünf bis zehn Minuten ☐ länger
☐ länger, als gewöhnlich, um in diesem Buch zu
lesen und schreiben

War das WC sauber? ☐ ja ☐ nein ☐ war ok ☐ hinterher nicht mehr

**Waschen sie sich
hinterher die Hände?** ☐ ja ☐ nein ☐ mal sehen ☐ manchmal
☐ gibt's hier Desinfektionsmittel? ☐ warum?

Der WC-Besuch war... ☐ rechtzeitig ☐ knapp ☐ zu spät
☐ interessant ☐ doof ☐ mal was anderes
☐ schön ☐ lustig ☐ _____

**An was haben sie bei
dem WC-Besuch gedacht?** _____

_____

**Was taten sie während
des Geschäfts?** ☐ nichts ☐ nachdenken
☐ lesen/schreiben ☐ an etwas rumspielen
☐ _____

(Nur bei Stehgeschäften):
Haben sie sich wenigstens ☐ ja ☐ nein ☐ ich sehe und spüre nichts
ordentlich vollgepinkelt? ☐ der letzte Tropfen geht immer in die Hose

Ein Motto, Spruch oder _____
**irgendetwas, das ihnen
gerade einfällt:** _____
(falls sie keine Idee haben,
können sie sich ab Seite _____
59 inspirieren lassen)

_____

Ihr persönlicher WC-Fragebogen:

Name des WC-Besuchers: _____

Datum des WC-Besuchs: _____ Zeit: _____

Grund des WC-Besuchs: ☐ kleines Geschäft (☐ stehend ☐ sitzend)
☐ großes Geschäft (☐ dünn ☐ fluffig ☐ hart)

Dauer des WC-Besuchs: ☐ ein bis drei Minuten ☐ drei bis fünf Minuten
☐ fünf bis zehn Minuten ☐ länger
☐ länger, als gewöhnlich, um in diesem Buch zu
lesen und schreiben

War das WC sauber? ☐ ja ☐ nein ☐ war ok ☐ hinterher nicht mehr

**Waschen sie sich
hinterher die Hände?** ☐ ja ☐ nein ☐ mal sehen ☐ manchmal
☐ gibt's hier Desinfektionsmittel? ☐ warum?

Der WC-Besuch war... ☐ rechtzeitig ☐ knapp ☐ zu spät
☐ interessant ☐ doof ☐ mal was anderes
☐ schön ☐ lustig ☐ _____

**An was haben sie bei
dem WC-Besuch gedacht?** _____

_____

**Was taten sie während
des Geschäfts?** ☐ nichts ☐ nachdenken
☐ lesen/schreiben ☐ an etwas rumspielen
☐ _____

(Nur bei Stehgeschäften):
Haben sie sich wenigstens ☐ ja ☐ nein ☐ ich sehe und spüre nichts
ordentlich vollgepinkelt? ☐ der letzte Tropfen geht immer in die Hose

**Ein Motto, Spruch oder
irgendetwas, das ihnen
gerade einfällt:**
(falls sie keine Idee haben,
können sie sich ab Seite
59 inspirieren lassen)

_____

_____

_____

_____

Ihr persönlicher WC-Fragebogen:

Name des WC-Besuchers: _____

Datum des WC-Besuchs: _____ Zeit: _____

Grund des WC-Besuchs: ☐ kleines Geschäft (☐ stehend ☐ sitzend)
☐ großes Geschäft (☐ dünn ☐ fluffig ☐ hart)

Dauer des WC-Besuchs: ☐ ein bis drei Minuten ☐ drei bis fünf Minuten
☐ fünf bis zehn Minuten ☐ länger
☐ länger, als gewöhnlich, um in diesem Buch zu lesen und schreiben

War das WC sauber? ☐ ja ☐ nein ☐ war ok ☐ hinterher nicht mehr

Waschen sie sich hinterher die Hände? ☐ ja ☐ nein ☐ mal sehen ☐ manchmal
☐ gibt's hier Desinfektionsmittel? ☐ warum?

Der WC-Besuch war... ☐ rechtzeitig ☐ knapp ☐ zu spät
☐ interessant ☐ doof ☐ mal was anderes
☐ schön ☐ lustig ☐ _____

An was haben sie bei dem WC-Besuch gedacht? _____

_____

Was taten sie während des Geschäfts? ☐ nichts ☐ nachdenken
☐ lesen/schreiben ☐ an etwas rumspielen
☐ _____

(Nur bei Stehgeschäften):
Haben sie sich wenigstens ordentlich vollgepinkelt? ☐ ja ☐ nein ☐ ich sehe und spüre nichts
☐ der letzte Tropfen geht immer in die Hose

Ein Motto, Spruch oder irgendetwas, das ihnen gerade einfällt:
(falls sie keine Idee haben, können sie sich ab Seite 59 inspirieren lassen)

_____

_____

_____

_____

Ihr persönlicher WC-Fragebogen:

Name des WC-Besuchers: _____

Datum des WC-Besuchs: _____ Zeit: _____

Grund des WC-Besuchs: ☐ kleines Geschäft (☐ stehend ☐ sitzend)
☐ großes Geschäft (☐ dünn ☐ fluffig ☐ hart)

Dauer des WC-Besuchs: ☐ ein bis drei Minuten ☐ drei bis fünf Minuten
☐ fünf bis zehn Minuten ☐ länger
☐ länger, als gewöhnlich, um in diesem Buch zu
lesen und schreiben

War das WC sauber? ☐ ja ☐ nein ☐ war ok ☐ hinterher nicht mehr

Waschen sie sich ☐ ja ☐ nein ☐ mal sehen ☐ manchmal
hinterher die Hände? ☐ gibt's hier Desinfektionsmittel? ☐ warum?

Der WC-Besuch war... ☐ rechtzeitig ☐ knapp ☐ zu spät
☐ interessant ☐ doof ☐ mal was anderes
☐ schön ☐ lustig ☐ _____

An was haben sie bei _____
dem WC-Besuch gedacht?
_____

Was taten sie während ☐ nichts ☐ nachdenken
des Geschäfts? ☐ lesen/schreiben ☐ an etwas rumspielen
☐ _____

(Nur bei Stehgeschäften):
Haben sie sich wenigstens ☐ ja ☐ nein ☐ ich sehe und spüre nichts
ordentlich vollgepinkelt? ☐ der letzte Tropfen geht immer in die Hose

Ein Motto, Spruch oder _____
irgendetwas, das ihnen
gerade einfällt: _____
(falls sie keine Idee haben,
können sie sich ab Seite _____
59 inspirieren lassen)

_____

Ihr persönlicher WC-Fragebogen:

Name des WC-Besuchers: _____

Datum des WC-Besuchs: _____ Zeit: _____

Grund des WC-Besuchs: ☐ kleines Geschäft (☐ stehend ☐ sitzend)
☐ großes Geschäft (☐ dünn ☐ fluffig ☐ hart)

Dauer des WC-Besuchs: ☐ ein bis drei Minuten ☐ drei bis fünf Minuten
☐ fünf bis zehn Minuten ☐ länger
☐ länger, als gewöhnlich, um in diesem Buch zu
lesen und schreiben

War das WC sauber? ☐ ja ☐ nein ☐ war ok ☐ hinterher nicht mehr

Waschen sie sich ☐ ja ☐ nein ☐ mal sehen ☐ manchmal
hinterher die Hände? ☐ gibt's hier Desinfektionsmittel? ☐ warum?

Der WC-Besuch war... ☐ rechtzeitig ☐ knapp ☐ zu spät
☐ interessant ☐ doof ☐ mal was anderes
☐ schön ☐ lustig ☐ _____

An was haben sie bei _____
dem WC-Besuch gedacht?
_____

Was taten sie während ☐ nichts ☐ nachdenken
des Geschäfts? ☐ lesen/schreiben ☐ an etwas rumspielen
☐ _____

(Nur bei Stehgeschäften):
Haben sie sich wenigstens ☐ ja ☐ nein ☐ ich sehe und spüre nichts
ordentlich vollgepinkelt? ☐ der letzte Tropfen geht immer in die Hose

Ein Motto, Spruch oder _____
irgendetwas, das ihnen
gerade einfällt: _____
(falls sie keine Idee haben,
können sie sich ab Seite _____
59 inspirieren lassen)

_____

Ihr persönlicher WC-Fragebogen:

Name des WC-Besuchers: _____

Datum des WC-Besuchs: _____ Zeit: _____

Grund des WC-Besuchs: ☐ kleines Geschäft (☐ stehend ☐ sitzend)
☐ großes Geschäft (☐ dünn ☐ fluffig ☐ hart)

Dauer des WC-Besuchs: ☐ ein bis drei Minuten ☐ drei bis fünf Minuten
☐ fünf bis zehn Minuten ☐ länger
☐ länger, als gewöhnlich, um in diesem Buch zu lesen und schreiben

War das WC sauber? ☐ ja ☐ nein ☐ war ok ☐ hinterher nicht mehr

Waschen sie sich hinterher die Hände? ☐ ja ☐ nein ☐ mal sehen ☐ manchmal
☐ gibt's hier Desinfektionsmittel? ☐ warum?

Der WC-Besuch war... ☐ rechtzeitig ☐ knapp ☐ zu spät
☐ interessant ☐ doof ☐ mal was anderes
☐ schön ☐ lustig ☐ _____

An was haben sie bei dem WC-Besuch gedacht? _____

_____

Was taten sie während des Geschäfts? ☐ nichts ☐ nachdenken
☐ lesen/schreiben ☐ an etwas rumspielen
☐ _____

(Nur bei Stehgeschäften):
Haben sie sich wenigstens ordentlich vollgepinkelt? ☐ ja ☐ nein ☐ ich sehe und spüre nichts
☐ der letzte Tropfen geht immer in die Hose

Ein Motto, Spruch oder irgendetwas, das ihnen gerade einfällt:
(falls sie keine Idee haben, können sie sich ab Seite 59 inspirieren lassen)

_____

_____

_____

_____

Ihr persönlicher WC-Fragebogen:

Name des WC-Besuchers: _____

Datum des WC-Besuchs: _____ Zeit: _____

Grund des WC-Besuchs: ☐ kleines Geschäft (☐ stehend ☐ sitzend)
☐ großes Geschäft (☐ dünn ☐ fluffig ☐ hart)

Dauer des WC-Besuchs: ☐ ein bis drei Minuten ☐ drei bis fünf Minuten
☐ fünf bis zehn Minuten ☐ länger
☐ länger, als gewöhnlich, um in diesem Buch zu
lesen und schreiben

War das WC sauber? ☐ ja ☐ nein ☐ war ok ☐ hinterher nicht mehr

Waschen sie sich
hinterher die Hände?
☐ ja ☐ nein ☐ mal sehen ☐ manchmal
☐ gibt's hier Desinfektionsmittel? ☐ warum?

Der WC-Besuch war... ☐ rechtzeitig ☐ knapp ☐ zu spät
☐ interessant ☐ doof ☐ mal was anderes
☐ schön ☐ lustig ☐ _____

An was haben sie bei
dem WC-Besuch gedacht?
_____

_____

Was taten sie während
des Geschäfts?
☐ nichts ☐ nachdenken
☐ lesen/schreiben ☐ an etwas rumspielen
☐ _____

(Nur bei Stehgeschäften):
Haben sie sich wenigstens
ordentlich vollgepinkelt?
☐ ja ☐ nein ☐ ich sehe und spüre nichts
☐ der letzte Tropfen geht immer in die Hose

Ein Motto, Spruch oder
irgendetwas, das ihnen
gerade einfällt:
(falls sie keine Idee haben,
können sie sich ab Seite
59 inspirieren lassen)
_____

_____

_____

_____

Ihr persönlicher WC-Fragebogen:

Name des WC-Besuchers: _____

Datum des WC-Besuchs: _____ Zeit: _____

Grund des WC-Besuchs: ☐ kleines Geschäft (☐ stehend ☐ sitzend)
☐ großes Geschäft (☐ dünn ☐ fluffig ☐ hart)

Dauer des WC-Besuchs: ☐ ein bis drei Minuten ☐ drei bis fünf Minuten
☐ fünf bis zehn Minuten ☐ länger
☐ länger, als gewöhnlich, um in diesem Buch zu
lesen und schreiben

War das WC sauber? ☐ ja ☐ nein ☐ war ok ☐ hinterher nicht mehr

Waschen sie sich
hinterher die Hände? ☐ ja ☐ nein ☐ mal sehen ☐ manchmal
☐ gibt's hier Desinfektionsmittel? ☐ warum?

Der WC-Besuch war... ☐ rechtzeitig ☐ knapp ☐ zu spät
☐ interessant ☐ doof ☐ mal was anderes
☐ schön ☐ lustig ☐ _____

An was haben sie bei
dem WC-Besuch gedacht? _____

_____

Was taten sie während ☐ nichts ☐ nachdenken
des Geschäfts? ☐ lesen/schreiben ☐ an etwas rumspielen
☐ _____

(Nur bei Stehgeschäften):
Haben sie sich wenigstens ☐ ja ☐ nein ☐ ich sehe und spüre nichts
ordentlich vollgepinkelt? ☐ der letzte Tropfen geht immer in die Hose

Ein Motto, Spruch oder
irgendetwas, das ihnen _____
gerade einfällt:
(falls sie keine Idee haben, _____
können sie sich ab Seite
59 inspirieren lassen) _____

_____

33

Ihr persönlicher WC-Fragebogen:

Name des WC-Besuchers: _____

Datum des WC-Besuchs: _____ Zeit: _____

Grund des WC-Besuchs: ☐ kleines Geschäft (☐ stehend ☐ sitzend)
☐ großes Geschäft (☐ dünn ☐ fluffig ☐ hart)

Dauer des WC-Besuchs: ☐ ein bis drei Minuten ☐ drei bis fünf Minuten
☐ fünf bis zehn Minuten ☐ länger
☐ länger, als gewöhnlich, um in diesem Buch zu
lesen und schreiben

War das WC sauber? ☐ ja ☐ nein ☐ war ok ☐ hinterher nicht mehr

Waschen sie sich
hinterher die Hände? ☐ ja ☐ nein ☐ mal sehen ☐ manchmal
☐ gibt's hier Desinfektionsmittel? ☐ warum?

Der WC-Besuch war... ☐ rechtzeitig ☐ knapp ☐ zu spät
☐ interessant ☐ doof ☐ mal was anderes
☐ schön ☐ lustig ☐ _____

An was haben sie bei
dem WC-Besuch gedacht? _____

_____

Was taten sie während ☐ nichts ☐ nachdenken
des Geschäfts? ☐ lesen/schreiben ☐ an etwas rumspielen
☐ _____

(Nur bei Stehgeschäften):
Haben sie sich wenigstens ☐ ja ☐ nein ☐ ich sehe und spüre nichts
ordentlich vollgepinkelt? ☐ der letzte Tropfen geht immer in die Hose

Ein Motto, Spruch oder
irgendetwas, das ihnen _____
gerade einfällt:
(falls sie keine Idee haben, _____
können sie sich ab Seite
59 inspirieren lassen) _____

_____

34

Ihr persönlicher WC-Fragebogen:

Name des WC-Besuchers: _____

Datum des WC-Besuchs: _____ Zeit: _____

Grund des WC-Besuchs: ☐ kleines Geschäft (☐ stehend ☐ sitzend)
☐ großes Geschäft (☐ dünn ☐ fluffig ☐ hart)

Dauer des WC-Besuchs: ☐ ein bis drei Minuten ☐ drei bis fünf Minuten
☐ fünf bis zehn Minuten ☐ länger
☐ länger, als gewöhnlich, um in diesem Buch zu
lesen und schreiben

War das WC sauber? ☐ ja ☐ nein ☐ war ok ☐ hinterher nicht mehr

Waschen sie sich ☐ ja ☐ nein ☐ mal sehen ☐ manchmal
hinterher die Hände? ☐ gibt's hier Desinfektionsmittel? ☐ warum?

Der WC-Besuch war... ☐ rechtzeitig ☐ knapp ☐ zu spät
☐ interessant ☐ doof ☐ mal was anderes
☐ schön ☐ lustig ☐ _____

An was haben sie bei _____
dem WC-Besuch gedacht?
_____

Was taten sie während ☐ nichts ☐ nachdenken
des Geschäfts? ☐ lesen/schreiben ☐ an etwas rumspielen
☐ _____

(Nur bei Stehgeschäften):
Haben sie sich wenigstens ☐ ja ☐ nein ☐ ich sehe und spüre nichts
ordentlich vollgepinkelt? ☐ der letzte Tropfen geht immer in die Hose

Ein Motto, Spruch oder _____
irgendetwas, das ihnen
gerade einfällt: _____
(falls sie keine Idee haben,
können sie sich ab Seite _____
59 inspirieren lassen)

_____

Ihr persönlicher WC-Fragebogen:

Name des WC-Besuchers: _____

Datum des WC-Besuchs: _____ Zeit: _____

Grund des WC-Besuchs: ☐ kleines Geschäft (☐ stehend ☐ sitzend)
☐ großes Geschäft (☐ dünn ☐ fluffig ☐ hart)

Dauer des WC-Besuchs: ☐ ein bis drei Minuten ☐ drei bis fünf Minuten
☐ fünf bis zehn Minuten ☐ länger
☐ länger, als gewöhnlich, um in diesem Buch zu lesen und schreiben

War das WC sauber? ☐ ja ☐ nein ☐ war ok ☐ hinterher nicht mehr

Waschen sie sich hinterher die Hände? ☐ ja ☐ nein ☐ mal sehen ☐ manchmal
☐ gibt's hier Desinfektionsmittel? ☐ warum?

Der WC-Besuch war... ☐ rechtzeitig ☐ knapp ☐ zu spät
☐ interessant ☐ doof ☐ mal was anderes
☐ schön ☐ lustig ☐ _____

An was haben sie bei dem WC-Besuch gedacht? _____

_____

Was taten sie während des Geschäfts? ☐ nichts ☐ nachdenken
☐ lesen/schreiben ☐ an etwas rumspielen
☐ _____

(Nur bei Stehgeschäften):
Haben sie sich wenigstens ordentlich vollgepinkelt? ☐ ja ☐ nein ☐ ich sehe und spüre nichts
☐ der letzte Tropfen geht immer in die Hose

Ein Motto, Spruch oder irgendetwas, das ihnen gerade einfällt:
(falls sie keine Idee haben, können sie sich ab Seite 59 inspirieren lassen) _____

_____

_____

_____

Ihr persönlicher WC-Fragebogen:

Name des WC-Besuchers: _____

Datum des WC-Besuchs: _____ Zeit: _____

Grund des WC-Besuchs: ☐ kleines Geschäft (☐ stehend ☐ sitzend)
☐ großes Geschäft (☐ dünn ☐ fluffig ☐ hart)

Dauer des WC-Besuchs: ☐ ein bis drei Minuten ☐ drei bis fünf Minuten
☐ fünf bis zehn Minuten ☐ länger
☐ länger, als gewöhnlich, um in diesem Buch zu
lesen und schreiben

War das WC sauber? ☐ ja ☐ nein ☐ war ok ☐ hinterher nicht mehr

**Waschen sie sich
hinterher die Hände?** ☐ ja ☐ nein ☐ mal sehen ☐ manchmal
☐ gibt's hier Desinfektionsmittel? ☐ warum?

Der WC-Besuch war... ☐ rechtzeitig ☐ knapp ☐ zu spät
☐ interessant ☐ doof ☐ mal was anderes
☐ schön ☐ lustig ☐ _____

**An was haben sie bei
dem WC-Besuch gedacht?** _____

_____

**Was taten sie während
des Geschäfts?** ☐ nichts ☐ nachdenken
☐ lesen/schreiben ☐ an etwas rumspielen
☐ _____

(Nur bei Stehgeschäften):
Haben sie sich wenigstens ☐ ja ☐ nein ☐ ich sehe und spüre nichts
ordentlich vollgepinkelt? ☐ der letzte Tropfen geht immer in die Hose

**Ein Motto, Spruch oder
irgendetwas, das ihnen
gerade einfällt:** _____
(falls sie keine Idee haben,
können sie sich ab Seite _____
59 inspirieren lassen)

_____

Ihr persönlicher WC-Fragebogen:

Name des WC-Besuchers: _____

Datum des WC-Besuchs: _____ Zeit: _____

Grund des WC-Besuchs: ☐ kleines Geschäft (☐ stehend ☐ sitzend)
☐ großes Geschäft (☐ dünn ☐ fluffig ☐ hart)

Dauer des WC-Besuchs: ☐ ein bis drei Minuten ☐ drei bis fünf Minuten
☐ fünf bis zehn Minuten ☐ länger
☐ länger, als gewöhnlich, um in diesem Buch zu
lesen und schreiben

War das WC sauber? ☐ ja ☐ nein ☐ war ok ☐ hinterher nicht mehr

**Waschen sie sich
hinterher die Hände?** ☐ ja ☐ nein ☐ mal sehen ☐ manchmal
☐ gibt's hier Desinfektionsmittel? ☐ warum?

Der WC-Besuch war... ☐ rechtzeitig ☐ knapp ☐ zu spät
☐ interessant ☐ doof ☐ mal was anderes
☐ schön ☐ lustig ☐ _____

**An was haben sie bei
dem WC-Besuch gedacht?** _____

_____

**Was taten sie während
des Geschäfts?** ☐ nichts ☐ nachdenken
☐ lesen/schreiben ☐ an etwas rumspielen
☐ _____

(Nur bei Stehgeschäften):
Haben sie sich wenigstens ☐ ja ☐ nein ☐ ich sehe und spüre nichts
ordentlich vollgepinkelt? ☐ der letzte Tropfen geht immer in die Hose

**Ein Motto, Spruch oder
irgendetwas, das ihnen
gerade einfällt:** _____
(falls sie keine Idee haben,
können sie sich ab Seite _____
59 inspirieren lassen)

_____

Ihr persönlicher WC-Fragebogen:

Name des WC-Besuchers: _____

Datum des WC-Besuchs: _____ Zeit: _____

Grund des WC-Besuchs: ☐ kleines Geschäft (☐ stehend ☐ sitzend)
☐ großes Geschäft (☐ dünn ☐ fluffig ☐ hart)

Dauer des WC-Besuchs: ☐ ein bis drei Minuten ☐ drei bis fünf Minuten
☐ fünf bis zehn Minuten ☐ länger
☐ länger, als gewöhnlich, um in diesem Buch zu
lesen und schreiben

War das WC sauber? ☐ ja ☐ nein ☐ war ok ☐ hinterher nicht mehr

Waschen sie sich ☐ ja ☐ nein ☐ mal sehen ☐ manchmal
hinterher die Hände? ☐ gibt's hier Desinfektionsmittel? ☐ warum?

Der WC-Besuch war... ☐ rechtzeitig ☐ knapp ☐ zu spät
☐ interessant ☐ doof ☐ mal was anderes
☐ schön ☐ lustig ☐ _____

An was haben sie bei _____
dem WC-Besuch gedacht?
_____

Was taten sie während ☐ nichts ☐ nachdenken
des Geschäfts? ☐ lesen/schreiben ☐ an etwas rumspielen
☐ _____

(Nur bei Stehgeschäften):
Haben sie sich wenigstens ☐ ja ☐ nein ☐ ich sehe und spüre nichts
ordentlich vollgepinkelt? ☐ der letzte Tropfen geht immer in die Hose

Ein Motto, Spruch oder _____
irgendetwas, das ihnen
gerade einfällt: _____
(falls sie keine Idee haben,
können sie sich ab Seite _____
59 inspirieren lassen)

_____

Ihr persönlicher WC-Fragebogen:

Name des WC-Besuchers: _____

Datum des WC-Besuchs: _____ Zeit: _____

Grund des WC-Besuchs: ☐ kleines Geschäft (☐ stehend ☐ sitzend)
☐ großes Geschäft (☐ dünn ☐ fluffig ☐ hart)

Dauer des WC-Besuchs: ☐ ein bis drei Minuten ☐ drei bis fünf Minuten
☐ fünf bis zehn Minuten ☐ länger
☐ länger, als gewöhnlich, um in diesem Buch zu lesen und schreiben

War das WC sauber? ☐ ja ☐ nein ☐ war ok ☐ hinterher nicht mehr

Waschen sie sich hinterher die Hände? ☐ ja ☐ nein ☐ mal sehen ☐ manchmal
☐ gibt's hier Desinfektionsmittel? ☐ warum?

Der WC-Besuch war... ☐ rechtzeitig ☐ knapp ☐ zu spät
☐ interessant ☐ doof ☐ mal was anderes
☐ schön ☐ lustig ☐ _____

An was haben sie bei dem WC-Besuch gedacht? _____

_____

Was taten sie während des Geschäfts? ☐ nichts ☐ nachdenken
☐ lesen/schreiben ☐ an etwas rumspielen
☐ _____

(Nur bei Stehgeschäften):
Haben sie sich wenigstens ordentlich vollgepinkelt? ☐ ja ☐ nein ☐ ich sehe und spüre nichts
☐ der letzte Tropfen geht immer in die Hose

Ein Motto, Spruch oder irgendetwas, das ihnen gerade einfällt:
(falls sie keine Idee haben, können sie sich ab Seite 59 inspirieren lassen) _____

_____

_____

_____

Ihr persönlicher WC-Fragebogen:

Name des WC-Besuchers: _____

Datum des WC-Besuchs: _____ Zeit: _____

Grund des WC-Besuchs: ☐ kleines Geschäft (☐ stehend ☐ sitzend)
☐ großes Geschäft (☐ dünn ☐ fluffig ☐ hart)

Dauer des WC-Besuchs: ☐ ein bis drei Minuten ☐ drei bis fünf Minuten
☐ fünf bis zehn Minuten ☐ länger
☐ länger, als gewöhnlich, um in diesem Buch zu
lesen und schreiben

War das WC sauber? ☐ ja ☐ nein ☐ war ok ☐ hinterher nicht mehr

Waschen sie sich hinterher die Hände? ☐ ja ☐ nein ☐ mal sehen ☐ manchmal
☐ gibt's hier Desinfektionsmittel? ☐ warum?

Der WC-Besuch war... ☐ rechtzeitig ☐ knapp ☐ zu spät
☐ interessant ☐ doof ☐ mal was anderes
☐ schön ☐ lustig ☐ _____

An was haben sie bei dem WC-Besuch gedacht? _____

_____

Was taten sie während des Geschäfts? ☐ nichts ☐ nachdenken
☐ lesen/schreiben ☐ an etwas rumspielen
☐ _____

(Nur bei Stehgeschäften):
Haben sie sich wenigstens ordentlich vollgepinkelt? ☐ ja ☐ nein ☐ ich sehe und spüre nichts
☐ der letzte Tropfen geht immer in die Hose

Ein Motto, Spruch oder irgendetwas, das ihnen gerade einfällt:
(falls sie keine Idee haben, können sie sich ab Seite 59 inspirieren lassen) _____

_____

_____

_____

Ihr persönlicher WC-Fragebogen:

Name des WC-Besuchers: _____

Datum des WC-Besuchs: _____ Zeit: _____

Grund des WC-Besuchs: ☐ kleines Geschäft (☐ stehend ☐ sitzend)
☐ großes Geschäft (☐ dünn ☐ fluffig ☐ hart)

Dauer des WC-Besuchs: ☐ ein bis drei Minuten ☐ drei bis fünf Minuten
☐ fünf bis zehn Minuten ☐ länger
☐ länger, als gewöhnlich, um in diesem Buch zu
lesen und schreiben

War das WC sauber? ☐ ja ☐ nein ☐ war ok ☐ hinterher nicht mehr

Waschen sie sich
hinterher die Hände? ☐ ja ☐ nein ☐ mal sehen ☐ manchmal
☐ gibt's hier Desinfektionsmittel? ☐ warum?

Der WC-Besuch war... ☐ rechtzeitig ☐ knapp ☐ zu spät
☐ interessant ☐ doof ☐ mal was anderes
☐ schön ☐ lustig ☐ _____

An was haben sie bei
dem WC-Besuch gedacht? _____

_____

Was taten sie während
des Geschäfts? ☐ nichts ☐ nachdenken
☐ lesen/schreiben ☐ an etwas rumspielen
☐ _____

(Nur bei Stehgeschäften):
Haben sie sich wenigstens ☐ ja ☐ nein ☐ ich sehe und spüre nichts
ordentlich vollgepinkelt? ☐ der letzte Tropfen geht immer in die Hose

Ein Motto, Spruch oder
irgendetwas, das ihnen
gerade einfällt: _____
(falls sie keine Idee haben,
können sie sich ab Seite _____
59 inspirieren lassen)

_____

_____

Ihr persönlicher WC-Fragebogen:

Name des WC-Besuchers: _____

Datum des WC-Besuchs: _____ Zeit: _____

Grund des WC-Besuchs: ☐ kleines Geschäft (☐ stehend ☐ sitzend)
☐ großes Geschäft (☐ dünn ☐ fluffig ☐ hart)

Dauer des WC-Besuchs: ☐ ein bis drei Minuten ☐ drei bis fünf Minuten
☐ fünf bis zehn Minuten ☐ länger
☐ länger, als gewöhnlich, um in diesem Buch zu
lesen und schreiben

War das WC sauber? ☐ ja ☐ nein ☐ war ok ☐ hinterher nicht mehr

Waschen sie sich
hinterher die Hände? ☐ ja ☐ nein ☐ mal sehen ☐ manchmal
☐ gibt's hier Desinfektionsmittel? ☐ warum?

Der WC-Besuch war... ☐ rechtzeitig ☐ knapp ☐ zu spät
☐ interessant ☐ doof ☐ mal was anderes
☐ schön ☐ lustig ☐ _____

An was haben sie bei _____
dem WC-Besuch gedacht?
_____

Was taten sie während ☐ nichts ☐ nachdenken
des Geschäfts? ☐ lesen/schreiben ☐ an etwas rumspielen
☐ _____

(Nur bei Stehgeschäften):
Haben sie sich wenigstens ☐ ja ☐ nein ☐ ich sehe und spüre nichts
ordentlich vollgepinkelt? ☐ der letzte Tropfen geht immer in die Hose

Ein Motto, Spruch oder _____
irgendetwas, das ihnen
gerade einfällt: _____
(falls sie keine Idee haben,
können sie sich ab Seite _____
59 inspirieren lassen)

_____

Ihr persönlicher WC-Fragebogen:

Name des WC-Besuchers: _____

Datum des WC-Besuchs: _____ Zeit: _____

Grund des WC-Besuchs: ☐ kleines Geschäft (☐ stehend ☐ sitzend)
☐ großes Geschäft (☐ dünn ☐ fluffig ☐ hart)

Dauer des WC-Besuchs: ☐ ein bis drei Minuten ☐ drei bis fünf Minuten
☐ fünf bis zehn Minuten ☐ länger
☐ länger, als gewöhnlich, um in diesem Buch zu lesen und schreiben

War das WC sauber? ☐ ja ☐ nein ☐ war ok ☐ hinterher nicht mehr

Waschen sie sich hinterher die Hände? ☐ ja ☐ nein ☐ mal sehen ☐ manchmal
☐ gibt's hier Desinfektionsmittel? ☐ warum?

Der WC-Besuch war... ☐ rechtzeitig ☐ knapp ☐ zu spät
☐ interessant ☐ doof ☐ mal was anderes
☐ schön ☐ lustig ☐ _____

An was haben sie bei dem WC-Besuch gedacht? _____

_____

Was taten sie während des Geschäfts? ☐ nichts ☐ nachdenken
☐ lesen/schreiben ☐ an etwas rumspielen
☐ _____

(Nur bei Stehgeschäften):
Haben sie sich wenigstens ordentlich vollgepinkelt? ☐ ja ☐ nein ☐ ich sehe und spüre nichts
☐ der letzte Tropfen geht immer in die Hose

Ein Motto, Spruch oder irgendetwas, das ihnen gerade einfällt:
(falls sie keine Idee haben, können sie sich ab Seite 59 inspirieren lassen)

_____

_____

_____

_____

Ihr persönlicher WC-Fragebogen:

Name des WC-Besuchers: _____

Datum des WC-Besuchs: _____ Zeit: _____

Grund des WC-Besuchs: ☐ kleines Geschäft (☐ stehend ☐ sitzend)
☐ großes Geschäft (☐ dünn ☐ fluffig ☐ hart)

Dauer des WC-Besuchs: ☐ ein bis drei Minuten ☐ drei bis fünf Minuten
☐ fünf bis zehn Minuten ☐ länger
☐ länger, als gewöhnlich, um in diesem Buch zu
lesen und schreiben

War das WC sauber? ☐ ja ☐ nein ☐ war ok ☐ hinterher nicht mehr

**Waschen sie sich
hinterher die Hände?** ☐ ja ☐ nein ☐ mal sehen ☐ manchmal
☐ gibt's hier Desinfektionsmittel? ☐ warum?

Der WC-Besuch war... ☐ rechtzeitig ☐ knapp ☐ zu spät
☐ interessant ☐ doof ☐ mal was anderes
☐ schön ☐ lustig ☐ _____

**An was haben sie bei
dem WC-Besuch gedacht?** _____

_____

**Was taten sie während
des Geschäfts?** ☐ nichts ☐ nachdenken
☐ lesen/schreiben ☐ an etwas rumspielen
☐ _____

(Nur bei Stehgeschäften):
Haben sie sich wenigstens ☐ ja ☐ nein ☐ ich sehe und spüre nichts
ordentlich vollgepinkelt? ☐ der letzte Tropfen geht immer in die Hose

**Ein Motto, Spruch oder
irgendetwas, das ihnen
gerade einfällt:**
(falls sie keine Idee haben,
können sie sich ab Seite
59 inspirieren lassen) _____

_____

_____

_____

Ihr persönlicher WC-Fragebogen:

Name des WC-Besuchers: _____

Datum des WC-Besuchs: _____ Zeit: _____

Grund des WC-Besuchs: ☐ kleines Geschäft (☐ stehend ☐ sitzend)
☐ großes Geschäft (☐ dünn ☐ fluffig ☐ hart)

Dauer des WC-Besuchs: ☐ ein bis drei Minuten ☐ drei bis fünf Minuten
☐ fünf bis zehn Minuten ☐ länger
☐ länger, als gewöhnlich, um in diesem Buch zu
lesen und schreiben

War das WC sauber? ☐ ja ☐ nein ☐ war ok ☐ hinterher nicht mehr

Waschen sie sich ☐ ja ☐ nein ☐ mal sehen ☐ manchmal
hinterher die Hände? ☐ gibt's hier Desinfektionsmittel? ☐ warum?

Der WC-Besuch war... ☐ rechtzeitig ☐ knapp ☐ zu spät
☐ interessant ☐ doof ☐ mal was anderes
☐ schön ☐ lustig ☐ _____

An was haben sie bei _____
dem WC-Besuch gedacht?
_____

Was taten sie während ☐ nichts ☐ nachdenken
des Geschäfts? ☐ lesen/schreiben ☐ an etwas rumspielen
☐ _____

(Nur bei Stehgeschäften):
Haben sie sich wenigstens ☐ ja ☐ nein ☐ ich sehe und spüre nichts
ordentlich vollgepinkelt? ☐ der letzte Tropfen geht immer in die Hose

Ein Motto, Spruch oder _____
irgendetwas, das ihnen
gerade einfällt: _____
(falls sie keine Idee haben,
können sie sich ab Seite _____
59 inspirieren lassen)

_____

Ihr persönlicher WC-Fragebogen:

Name des WC-Besuchers: _____

Datum des WC-Besuchs: _____ Zeit: _____

Grund des WC-Besuchs: ☐ kleines Geschäft (☐ stehend ☐ sitzend)
☐ großes Geschäft (☐ dünn ☐ fluffig ☐ hart)

Dauer des WC-Besuchs: ☐ ein bis drei Minuten ☐ drei bis fünf Minuten
☐ fünf bis zehn Minuten ☐ länger
☐ länger, als gewöhnlich, um in diesem Buch zu
lesen und schreiben

War das WC sauber? ☐ ja ☐ nein ☐ war ok ☐ hinterher nicht mehr

Waschen sie sich ☐ ja ☐ nein ☐ mal sehen ☐ manchmal
hinterher die Hände? ☐ gibt's hier Desinfektionsmittel? ☐ warum?

Der WC-Besuch war... ☐ rechtzeitig ☐ knapp ☐ zu spät
☐ interessant ☐ doof ☐ mal was anderes
☐ schön ☐ lustig ☐ _____

An was haben sie bei _____
dem WC-Besuch gedacht?
_____

Was taten sie während ☐ nichts ☐ nachdenken
des Geschäfts? ☐ lesen/schreiben ☐ an etwas rumspielen
☐ _____

(Nur bei Stehgeschäften):
Haben sie sich wenigstens ☐ ja ☐ nein ☐ ich sehe und spüre nichts
ordentlich vollgepinkelt? ☐ der letzte Tropfen geht immer in die Hose

Ein Motto, Spruch oder _____
irgendetwas, das ihnen
gerade einfällt: _____
(falls sie keine Idee haben,
können sie sich ab Seite _____
59 inspirieren lassen)

_____

48

Ihr persönlicher WC-Fragebogen:

Name des WC-Besuchers: _____

Datum des WC-Besuchs: _____ Zeit: _____

Grund des WC-Besuchs: ☐ kleines Geschäft (☐ stehend ☐ sitzend)
☐ großes Geschäft (☐ dünn ☐ fluffig ☐ hart)

Dauer des WC-Besuchs: ☐ ein bis drei Minuten ☐ drei bis fünf Minuten
☐ fünf bis zehn Minuten ☐ länger
☐ länger, als gewöhnlich, um in diesem Buch zu
lesen und schreiben

War das WC sauber? ☐ ja ☐ nein ☐ war ok ☐ hinterher nicht mehr

Waschen sie sich ☐ ja ☐ nein ☐ mal sehen ☐ manchmal
hinterher die Hände? ☐ gibt's hier Desinfektionsmittel? ☐ warum?

Der WC-Besuch war... ☐ rechtzeitig ☐ knapp ☐ zu spät
☐ interessant ☐ doof ☐ mal was anderes
☐ schön ☐ lustig ☐ _____

An was haben sie bei _____
dem WC-Besuch gedacht?

_____

Was taten sie während ☐ nichts ☐ nachdenken
des Geschäfts? ☐ lesen/schreiben ☐ an etwas rumspielen
☐ _____

(Nur bei Stehgeschäften):
Haben sie sich wenigstens ☐ ja ☐ nein ☐ ich sehe und spüre nichts
ordentlich vollgepinkelt? ☐ der letzte Tropfen geht immer in die Hose

Ein Motto, Spruch oder _____
irgendetwas, das ihnen
gerade einfällt: _____
(falls sie keine Idee haben,
können sie sich ab Seite _____
59 inspirieren lassen)

_____

Ihr persönlicher WC-Fragebogen:

Name des WC-Besuchers: _____

Datum des WC-Besuchs: _____ Zeit: _____

Grund des WC-Besuchs: ☐ kleines Geschäft (☐ stehend ☐ sitzend)
☐ großes Geschäft (☐ dünn ☐ fluffig ☐ hart)

Dauer des WC-Besuchs: ☐ ein bis drei Minuten ☐ drei bis fünf Minuten
☐ fünf bis zehn Minuten ☐ länger
☐ länger, als gewöhnlich, um in diesem Buch zu
lesen und schreiben

War das WC sauber? ☐ ja ☐ nein ☐ war ok ☐ hinterher nicht mehr

Waschen sie sich ☐ ja ☐ nein ☐ mal sehen ☐ manchmal
hinterher die Hände? ☐ gibt's hier Desinfektionsmittel? ☐ warum?

Der WC-Besuch war... ☐ rechtzeitig ☐ knapp ☐ zu spät
☐ interessant ☐ doof ☐ mal was anderes
☐ schön ☐ lustig ☐ _____

An was haben sie bei _____
dem WC-Besuch gedacht?
_____

Was taten sie während ☐ nichts ☐ nachdenken
des Geschäfts? ☐ lesen/schreiben ☐ an etwas rumspielen
☐ _____

(Nur bei Stehgeschäften):
Haben sie sich wenigstens ☐ ja ☐ nein ☐ ich sehe und spüre nichts
ordentlich vollgepinkelt? ☐ der letzte Tropfen geht immer in die Hose

Ein Motto, Spruch oder _____
irgendetwas, das ihnen
gerade einfällt: _____
(falls sie keine Idee haben,
können sie sich ab Seite _____
59 inspirieren lassen)

_____

Ihr persönlicher WC-Fragebogen:

Name des WC-Besuchers: _____

Datum des WC-Besuchs: _____ Zeit: _____

Grund des WC-Besuchs: ☐ kleines Geschäft (☐ stehend ☐ sitzend)
☐ großes Geschäft (☐ dünn ☐ fluffig ☐ hart)

Dauer des WC-Besuchs: ☐ ein bis drei Minuten ☐ drei bis fünf Minuten
☐ fünf bis zehn Minuten ☐ länger
☐ länger, als gewöhnlich, um in diesem Buch zu
lesen und schreiben

War das WC sauber? ☐ ja ☐ nein ☐ war ok ☐ hinterher nicht mehr

**Waschen sie sich
hinterher die Hände?** ☐ ja ☐ nein ☐ mal sehen ☐ manchmal
☐ gibt's hier Desinfektionsmittel? ☐ warum?

Der WC-Besuch war... ☐ rechtzeitig ☐ knapp ☐ zu spät
☐ interessant ☐ doof ☐ mal was anderes
☐ schön ☐ lustig ☐ _____

**An was haben sie bei
dem WC-Besuch gedacht?** _____

_____

**Was taten sie während
des Geschäfts?** ☐ nichts ☐ nachdenken
☐ lesen/schreiben ☐ an etwas rumspielen
☐ _____

(Nur bei Stehgeschäften):
Haben sie sich wenigstens ☐ ja ☐ nein ☐ ich sehe und spüre nichts
ordentlich vollgepinkelt? ☐ der letzte Tropfen geht immer in die Hose

**Ein Motto, Spruch oder
irgendetwas, das ihnen
gerade einfällt:** _____
(falls sie keine Idee haben,
können sie sich ab Seite _____
59 inspirieren lassen)

_____

Ihr persönlicher WC-Fragebogen:

Name des WC-Besuchers: _____

Datum des WC-Besuchs: _____ Zeit: _____

Grund des WC-Besuchs: ☐ kleines Geschäft (☐ stehend ☐ sitzend)
☐ großes Geschäft (☐ dünn ☐ fluffig ☐ hart)

Dauer des WC-Besuchs: ☐ ein bis drei Minuten ☐ drei bis fünf Minuten
☐ fünf bis zehn Minuten ☐ länger
☐ länger, als gewöhnlich, um in diesem Buch zu
lesen und schreiben

War das WC sauber? ☐ ja ☐ nein ☐ war ok ☐ hinterher nicht mehr

Waschen sie sich ☐ ja ☐ nein ☐ mal sehen ☐ manchmal
hinterher die Hände? ☐ gibt's hier Desinfektionsmittel? ☐ warum?

Der WC-Besuch war... ☐ rechtzeitig ☐ knapp ☐ zu spät
☐ interessant ☐ doof ☐ mal was anderes
☐ schön ☐ lustig ☐ _____

An was haben sie bei _____
dem WC-Besuch gedacht?
_____

Was taten sie während ☐ nichts ☐ nachdenken
des Geschäfts? ☐ lesen/schreiben ☐ an etwas rumspielen
☐ _____

(Nur bei Stehgeschäften):
Haben sie sich wenigstens ☐ ja ☐ nein ☐ ich sehe und spüre nichts
ordentlich vollgepinkelt? ☐ der letzte Tropfen geht immer in die Hose

Ein Motto, Spruch oder _____
irgendetwas, das ihnen
gerade einfällt:
(falls sie keine Idee haben, _____
können sie sich ab Seite
59 inspirieren lassen) _____

_____

52

Ihr persönlicher WC-Fragebogen:

Name des WC-Besuchers: _____

Datum des WC-Besuchs: _____ Zeit: _____

Grund des WC-Besuchs: ☐ kleines Geschäft (☐ stehend ☐ sitzend)
☐ großes Geschäft (☐ dünn ☐ fluffig ☐ hart)

Dauer des WC-Besuchs: ☐ ein bis drei Minuten ☐ drei bis fünf Minuten
☐ fünf bis zehn Minuten ☐ länger
☐ länger, als gewöhnlich, um in diesem Buch zu lesen und schreiben

War das WC sauber? ☐ ja ☐ nein ☐ war ok ☐ hinterher nicht mehr

Waschen sie sich hinterher die Hände? ☐ ja ☐ nein ☐ mal sehen ☐ manchmal
☐ gibt's hier Desinfektionsmittel? ☐ warum?

Der WC-Besuch war... ☐ rechtzeitig ☐ knapp ☐ zu spät
☐ interessant ☐ doof ☐ mal was anderes
☐ schön ☐ lustig ☐ _____

An was haben sie bei dem WC-Besuch gedacht? _____

_____

Was taten sie während des Geschäfts? ☐ nichts ☐ nachdenken
☐ lesen/schreiben ☐ an etwas rumspielen
☐ _____

(Nur bei Stehgeschäften):
Haben sie sich wenigstens ordentlich vollgepinkelt? ☐ ja ☐ nein ☐ ich sehe und spüre nichts
☐ der letzte Tropfen geht immer in die Hose

Ein Motto, Spruch oder irgendetwas, das ihnen gerade einfällt:
(falls sie keine Idee haben, können sie sich ab Seite 59 inspirieren lassen)

_____

_____

_____

_____

Ihr persönlicher WC-Fragebogen:

Name des WC-Besuchers: _____

Datum des WC-Besuchs: _____ Zeit: _____

Grund des WC-Besuchs: ☐ kleines Geschäft (☐ stehend ☐ sitzend)
☐ großes Geschäft (☐ dünn ☐ fluffig ☐ hart)

Dauer des WC-Besuchs: ☐ ein bis drei Minuten ☐ drei bis fünf Minuten
☐ fünf bis zehn Minuten ☐ länger
☐ länger, als gewöhnlich, um in diesem Buch zu
lesen und schreiben

War das WC sauber? ☐ ja ☐ nein ☐ war ok ☐ hinterher nicht mehr

Waschen sie sich ☐ ja ☐ nein ☐ mal sehen ☐ manchmal
hinterher die Hände? ☐ gibt's hier Desinfektionsmittel? ☐ warum?

Der WC-Besuch war... ☐ rechtzeitig ☐ knapp ☐ zu spät
☐ interessant ☐ doof ☐ mal was anderes
☐ schön ☐ lustig ☐ _____

An was haben sie bei _____
dem WC-Besuch gedacht?
_____

Was taten sie während ☐ nichts ☐ nachdenken
des Geschäfts? ☐ lesen/schreiben ☐ an etwas rumspielen
☐ _____

(Nur bei Stehgeschäften):
Haben sie sich wenigstens ☐ ja ☐ nein ☐ ich sehe und spüre nichts
ordentlich vollgepinkelt? ☐ der letzte Tropfen geht immer in die Hose

Ein Motto, Spruch oder _____
irgendetwas, das ihnen
gerade einfällt: _____
(falls sie keine Idee haben,
können sie sich ab Seite _____
59 inspirieren lassen)

_____

Ihr persönlicher WC-Fragebogen:

Name des WC-Besuchers: _____

Datum des WC-Besuchs: _____ Zeit: _____

Grund des WC-Besuchs: ☐ kleines Geschäft (☐ stehend ☐ sitzend)
☐ großes Geschäft (☐ dünn ☐ fluffig ☐ hart)

Dauer des WC-Besuchs: ☐ ein bis drei Minuten ☐ drei bis fünf Minuten
☐ fünf bis zehn Minuten ☐ länger
☐ länger, als gewöhnlich, um in diesem Buch zu
lesen und schreiben

War das WC sauber? ☐ ja ☐ nein ☐ war ok ☐ hinterher nicht mehr

**Waschen sie sich
hinterher die Hände?** ☐ ja ☐ nein ☐ mal sehen ☐ manchmal
☐ gibt's hier Desinfektionsmittel? ☐ warum?

Der WC-Besuch war... ☐ rechtzeitig ☐ knapp ☐ zu spät
☐ interessant ☐ doof ☐ mal was anderes
☐ schön ☐ lustig ☐ _____

**An was haben sie bei
dem WC-Besuch gedacht?** _____

_____

**Was taten sie während
des Geschäfts?** ☐ nichts ☐ nachdenken
☐ lesen/schreiben ☐ an etwas rumspielen
☐ _____

(Nur bei Stehgeschäften):
Haben sie sich wenigstens ☐ ja ☐ nein ☐ ich sehe und spüre nichts
ordentlich vollgepinkelt? ☐ der letzte Tropfen geht immer in die Hose

**Ein Motto, Spruch oder
irgendetwas, das ihnen
gerade einfällt:** _____
(falls sie keine Idee haben,
können sie sich ab Seite _____
59 inspirieren lassen)

_____

Ihr persönlicher WC-Fragebogen:

Name des WC-Besuchers: _____

Datum des WC-Besuchs: _____ Zeit: _____

Grund des WC-Besuchs: ☐ kleines Geschäft (☐ stehend ☐ sitzend)
☐ großes Geschäft (☐ dünn ☐ fluffig ☐ hart)

Dauer des WC-Besuchs: ☐ ein bis drei Minuten ☐ drei bis fünf Minuten
☐ fünf bis zehn Minuten ☐ länger
☐ länger, als gewöhnlich, um in diesem Buch zu
lesen und schreiben

War das WC sauber? ☐ ja ☐ nein ☐ war ok ☐ hinterher nicht mehr

Waschen sie sich ☐ ja ☐ nein ☐ mal sehen ☐ manchmal
hinterher die Hände? ☐ gibt's hier Desinfektionsmittel? ☐ warum?

Der WC-Besuch war... ☐ rechtzeitig ☐ knapp ☐ zu spät
☐ interessant ☐ doof ☐ mal was anderes
☐ schön ☐ lustig ☐ _____

An was haben sie bei _____
dem WC-Besuch gedacht?
_____

Was taten sie während ☐ nichts ☐ nachdenken
des Geschäfts? ☐ lesen/schreiben ☐ an etwas rumspielen
☐ _____

(Nur bei Stehgeschäften):
Haben sie sich wenigstens ☐ ja ☐ nein ☐ ich sehe und spüre nichts
ordentlich vollgepinkelt? ☐ der letzte Tropfen geht immer in die Hose

Ein Motto, Spruch oder _____
irgendetwas, das ihnen
gerade einfällt: _____
(falls sie keine Idee haben,
können sie sich ab Seite _____
59 inspirieren lassen)

_____

Ihr persönlicher WC-Fragebogen:

Name des WC-Besuchers: _____

Datum des WC-Besuchs: _____ Zeit: _____

Grund des WC-Besuchs: ☐ kleines Geschäft (☐ stehend ☐ sitzend)
☐ großes Geschäft (☐ dünn ☐ fluffig ☐ hart)

Dauer des WC-Besuchs: ☐ ein bis drei Minuten ☐ drei bis fünf Minuten
☐ fünf bis zehn Minuten ☐ länger
☐ länger, als gewöhnlich, um in diesem Buch zu lesen und schreiben

War das WC sauber? ☐ ja ☐ nein ☐ war ok ☐ hinterher nicht mehr

Waschen sie sich hinterher die Hände? ☐ ja ☐ nein ☐ mal sehen ☐ manchmal
☐ gibt's hier Desinfektionsmittel? ☐ warum?

Der WC-Besuch war... ☐ rechtzeitig ☐ knapp ☐ zu spät
☐ interessant ☐ doof ☐ mal was anderes
☐ schön ☐ lustig ☐ _____

An was haben sie bei dem WC-Besuch gedacht? _____

_____

Was taten sie während des Geschäfts? ☐ nichts ☐ nachdenken
☐ lesen/schreiben ☐ an etwas rumspielen
☐ _____

(Nur bei Stehgeschäften):
Haben sie sich wenigstens ordentlich vollgepinkelt? ☐ ja ☐ nein ☐ ich sehe und spüre nichts
☐ der letzte Tropfen geht immer in die Hose

Ein Motto, Spruch oder irgendetwas, das ihnen gerade einfällt:
(falls sie keine Idee haben, können sie sich ab Seite 59 inspirieren lassen)

_____

_____

_____

_____

Ihr persönlicher WC-Fragebogen:

Name des WC-Besuchers: _____

Datum des WC-Besuchs: _____ Zeit: _____

Grund des WC-Besuchs: ☐ kleines Geschäft (☐ stehend ☐ sitzend)
☐ großes Geschäft (☐ dünn ☐ fluffig ☐ hart)

Dauer des WC-Besuchs: ☐ ein bis drei Minuten ☐ drei bis fünf Minuten
☐ fünf bis zehn Minuten ☐ länger
☐ länger, als gewöhnlich, um in diesem Buch zu
lesen und schreiben

War das WC sauber? ☐ ja ☐ nein ☐ war ok ☐ hinterher nicht mehr

Waschen sie sich ☐ ja ☐ nein ☐ mal sehen ☐ manchmal
hinterher die Hände? ☐ gibt's hier Desinfektionsmittel? ☐ warum?

Der WC-Besuch war... ☐ rechtzeitig ☐ knapp ☐ zu spät
☐ interessant ☐ doof ☐ mal was anderes
☐ schön ☐ lustig ☐ _____

An was haben sie bei _____
dem WC-Besuch gedacht?

_____

Was taten sie während ☐ nichts ☐ nachdenken
des Geschäfts? ☐ lesen/schreiben ☐ an etwas rumspielen
☐ _____

(Nur bei Stehgeschäften):
Haben sie sich wenigstens ☐ ja ☐ nein ☐ ich sehe und spüre nichts
ordentlich vollgepinkelt? ☐ der letzte Tropfen geht immer in die Hose

Ein Motto, Spruch oder _____
irgendetwas, das ihnen
gerade einfällt: _____
(falls sie keine Idee haben,
können sie sich ab Seite _____
59 inspirieren lassen)

_____

58

Hier ein paar Klosprüche und Zitate, um sich für das Ausfüllen des WC-Fragebogens inspirieren zu lassen:

Alles hat ein Ende, nur die Wurst hat zwei! *(Stefan Remmler)*

Nimm mich jetzt, auch wenn ich stinke,
denn sonst sag ich winke winke... *(,Die Doofen')*

Ohne Fleiß kein Scheiß *(Otto Waalkes)*

Ich möchte wirklich gerne wissen,
warum ihr textet, statt zu pissen

Hier ist ein Mensch, der muss auf`s Klo,
gib ihm Papier, dann ist er froh

Klowände streichen, ist wie Bücher verbrennen

Nicht alles, was stinkt, ist Chemie

Der Morgenschiss kommt ganz gewiss,
und wenn es erst am Abend is`

Dieses Fleckchen ist ein stiller Ort,
hier schaff` ich was mich quält gleich fort

Der Weg des Wassers wird es euch weisen *(,Badesalz')*

Der Weg ist das Ziel *(Buddha)*

Liebe Köchin, lieber Koch,
hier fällt eure Kunst in`s Loch

Der letzte Tropfen fällt nicht weit vom Stamm

Steter Tropfen nässt das Bein

Mach`s Fenster auf, lass Luft herein,
der nächste wird dir dankbar sein

Mief, Mief, Mief... sagt doch über
den Charakter gar nichts aus (‚Die Doofen’)

Am Arsch ist`s dunkel, da brennt kein Licht,
da gibt`s Gespenster, die sieht man nicht

Wer im Glashaus sitzt,
sollte nur im Dunkeln pinkeln

Was so mancher im Kopf hat,
flutscht gerade aus meinem Enddarm

Komm raus du Feigling,
du sollst nur pinkeln!

So ein Blasenhochstand kann ganz schön nervös machen

Nach einer Stunde wird automatisch
der Schleudersitz ausgelöst

Auf diesem Klo, da wohnt ein Geist,
der jedem, der zu lange scheißt,
von unten in den Hintern beißt

Dies Leben ist zu kurz, um zu sitzen auf dem Klo
drum pinkle ich im stehen – es geht auch so

Ich bin klein, mein Herz ist rein,
mein Popo ist schmutzig, ist das nicht putzig?

Ich bekomme die Hose nicht alleine auf...

Hallo Bier, da bist du ja wieder

Restharn ist das, was übrig bleibt, wenn man meint, es wäre
nichts mehr da

Zwei Minuten scheißt der Hund,
dank diesem Buch scheiß` ich `ne Stund`

Männer sind wie Klobrillen:
entweder besetzt oder beschissen

Für die einen ist es Klopapier,
für die anderen das längste Taschentuch der Welt

Klopapier beidseitig nutzen! Der Erfolg liegt auf der Hand

Endlich pinkeln zu können,
ist manchmal schöner, als ein Orgasmus

Habt ihr auch Klopapier von „Micro Soft"?

Zum Laufen braucht man Schuhe,
zum Kacken braucht man Ruhe

Millionen von Fliegen können nicht irren

Kein Trinkwasser!

Am besten du dies Büchlein liest,
dort wo du an der Leitung ziehst

Der Nächste bitte...

Die Geschichte der Toilette
oder: „ein Geschäft machen" kommt vom Geschäfte machen

Wie man weiß, muss es in unseren Breitengraden im Mittelalter zuweilen recht unappetitlich gerochen haben, denn um seine Notdurft zu verrichten, musste man eben ‚austreten'. An hochmoderne Spülkästen mit „Aqua-Stopp" oder feuchte Toilettentücher in der praktischen Plastikbox war damals ebenso wenig zu denken, wie an flauschige Papierrollen oder Klobürsten.

Eigentlich merkwürdig, denn die ersten ausgebauten Bedürfnisanlagen gab es bereits vor fast 5.000 Jahren in Mesopotamien. Toilettenähnliche Behältnisse mit Abwassersystem bauten die Griechen dann bereits etwa 500 Jahre vor Christus. Auch die alten Römer hatten bereits Latrinen und wischten sich den Allerwertesten mit Wolle oder Schwämmen ab. Allerdings war dies in erster Linie den besser gestellten Personen vorbehalten. Das gemeine Volk verrichtete sein Geschäft weiterhin in der Natur, wobei zum Abputzen meist lediglich Laub diente. Und dabei wurden im wahrsten Sinne des Wortes tatsächlich Geschäfte gemacht. Während wir heute vor allem das „große Geschäft" am liebsten eingeschlossen und alleine verrichten, war es damals üblich, mit mehreren gleichzeitig auszutreten. Dabei hatte man Zeit über geschäftliches zu sprechen und so wurde eben währenddessen auch gehandelt. Voraussichtlich stammt daher noch der Ausdruck „ein Geschäft machen".

Die frühzeitliche Erfindung der Latrinen schien jedoch lange Zeit nicht über den Mittelmeerraum hinaus zu gelangen. Hierzulande machte man einfach in den Wald, auf Wiesen und Felder und auch einfach in die Gassen der Städte. Zwar wurde in den Häusern der Nachttopf verwandt, um nicht ständig in die Kälte hinaus zu müssen, jedoch wurden diese Behältnisse dann oft einfach auf die Straße geschüttet, um die Düfte nicht im

Haus zu haben. Demnach stank es in den Städten und Dörfern erbärmlich. Viele Tausend solcher Nachttöpfe mit der dazugehörigen Geschichte sind übrigens im Münchener Nachttopf-Museum zu finden.

Im 15. Jahrhundert wurde dann der Überlieferung zufolge in London die erste öffentliche Toilette erfunden. Dort konnten sich Dutzende Personen gleichzeitig entleeren, wobei die Exkremente dann unter anderem in Flüssen entsorgt wurden. Scheinbar war damals noch niemandem klar, dass dies der Grund für entsetzliche Seuchen wie Cholera war. Besonders unter den armen Menschen, die das ungereinigte Flusswasser trinken mussten, kamen dadurch Tausende ums Leben. Erst etwa 400 Jahre später, Mitte des 19. Jahrhunderts, wurde richtig klar, wie wichtig es ist, Trink- und Abwasser zu unterscheiden.

Als einer der Erfinder der heutigen Toilette gilt übrigens der Neffe der englischen Königin Elisabeth I, Sir John Harington. Er hatte die Idee zu einem Wasserklosett schon 1594. Wie das aber mit brillanten Ideen oft so ist, wurde auch dieser Erfinder zunächst bloß ausgelacht und verspottet. Entwickler des Abwassersystems, wie wir es im Prinzip noch heute haben, der auch das Patent für die erste Toilette hatte, war dann 1775 der Engländer Alexander Cummings. Das Water Closet war geboren, wodurch wir auch bei uns heute noch von der Abkürzung WC sprechen. Ganze 30 Jahre später gab es dann in England die ersten Toiletten mit einem Röhren-Kanalsystem, das die Fäkalien in die Flüsse leitete, die darunter selbstverständlich sehr litten. Weitere 80 Jahre später, Ende das 19. Jahrhunderts, gingen dann die ersten Kläranlagen in Betrieb.

In Deutschland gab es das erste Wasserklosett voraussichtlich um 1820 im Schloss zu Bad Homburg, wo es Elisabeth, Tochter des englischen Königs Georg III., einbauen ließ und gemeinsam mit ihrem Mann Friedrich, dem Landgraf von Hessen-Homburg, nutzte.

Wir sind also eigentlich noch gar nicht lange mit unseren sanitären Anlagen so verwöhnt. In ländlichen Gebieten landen die körperlichen Abfälle auch heute noch in der Sickergrube und nicht wenige erinnern sich noch allzu gut an nächtliche Ausflüge in das Holzhäuschen im Garten, zum „Donnerbalken" oder zumindest auf das Klo über dem Hof, das von mehreren Familien genutzt wurde.

Und auch heute noch sind die technischen Unterschiede der Toilettenanlagen immens. Während wir hier in den Sanitärgeschäften und Baumärkten zwischen Flach-, Tief- oder Kaskadenspülung wählen, hockt man sich in einigen europäischen Ländern zumindest auf öffentlichen Toiletten noch über ein Plumpsklo-Loch und gleichzeitig wird den Japanern auf ihrem High-Tech-Lokus der Hintern gespült und geföhnt und auf Wunsch der Blutzuckergehalt im Urin bestimmt, während aus Lautsprechern laute Musik dudelt, damit die Darmgeräusche übertönt werden.

Die Sitten und Begebenheiten auf den stillen Örtchen sind von Land zu Land verschieden. In vielen Regionen sind Wasserschläuche zum Reinigen üblich und in südlichen sowie arabischen Ländern ist es oft nicht erwünscht, das Toilettenpapier runterzuspülen, da die Abflüsse dafür nicht ausgelegt sind. Hier wird das benutzte Papier in Abfallbehältern entsorgt. Aus hygienischen und auch Glaubensgründen werden in einigen muslimisch geprägten Ländern nur Hocktoiletten verwendet, auf denen man nicht sitzt. Während auch hierzulande viele davor scheuen, sich auf öffentlichen Aborten zu setzen, kommt es aber sogar vor, dass sich Menschen aus diesen Ländern nicht nur über die Schüssel hocken, sondern sich sogar auf deren Ränder stellen, um sich dann im Hocken ihrer Notdurft zu entledigen. Dies führt jedoch meist zu erstrecht unhygienischen Zuständen in den öffentlichen WCs.

Falls sie sich schon einmal fragten, warum in öffentlichen Toiletten oft blaues Licht verwendet wird, kommt hier die Antwort: man möchte damit Drogenabhängigen erschweren, beim Spritzen harter Drogen ihre Venen zu finden, und sie somit davon abhalten, die Anlage für diesen Zweck zu missbrauchen.

In einer Zeit, in der mobile Toilettenhäuschen bei uns auf jeder Baustelle und bei jeder Großveranstaltung zu finden sind, ist es um so trauriger, dass die hygienischen Bedingungen in weiten Teilen unseres Planeten noch immer mittelalterlich sind. Um darauf hinzuweisen, dass mehr als 2,5 Milliarden Menschen kein sauberes WC nutzen können, wurde die Welttoilettenorganisation gegründet und der 19. November zum Welttoilettentag ernannt.

Somit sollten wir also dankbar sein, unsere Standart-Schüsseln mit Deckel verwenden zu können. Woher kommen aber eigentlich die vielen Begriffe, die wir dafür verwenden? WC ist, wie erwähnt, die bekannte Abkürzung für Water Closet, woraus sich auch das Klo ableitet. Toilette kommt natürlich aus dem Französischen, bezeichnete aber ursprünglich das Frisieren, Maniküren und Ankleiden. Da die Damen zu Hofe aber während sie frisiert wurden, oft auf ihrem Klo-Stuhl saßen, entwickelte sich dafür dieser Begriff. Der Lokus stammt aus dem Lateinischen (locus necissitatis) und heißt „Ort der Notdurft" und das „00", das neben den Frau-/Mann-Pictogrammen oft als Aufschrift auf der Tür zu finden ist, bürgerte sich ein, weil es früher in den Hotels Etagenklos in der Nähe der Treppe gab. Dort begann oft die Nummerierung der Zimmer – mit „00".

Über den Autor

Manfred Hilberger wurde im Januar 1971 im mittelhessischen Marburg geboren, wo er auch aufgewachsen ist. Schon in frühester Kindheit fiel er durch seine Kreativität und Hang zu Künsten, Philosophie und Musik auf. Stets zeichnete und malte er gerne, erstellte Comichefte und kindliche Roman-geschichten. Ab dem Alter von neun Jahren galt seine große Liebe dann jedoch vornehmlich der Musik.

Manfred Hilberger

Hilberger bekam zwei Jahre lang Klavierunterricht und mit elf Jahren erlernte er von die Pike auf das Bedienen des Schlag-zeugs. Weitere Instrumente folgten. Schon als jugendlicher Schlagzeuger trommelte er im hessischen Landes-Jugendorches-ter, bevor er schon mit 17 Jahren für die Bundes-Big-Band no-miniert wurde, in der er sechs Jahre lang Schlagzeug und Per-cussion bediente.

Seine Liebe galt aber stets der Rockmusik und da er auch großen Spaß am Singen und Texten hatte, gründete er Ende der 1980er Jahre nach ein paar Schülerband-Aktivitäten die deutschsprachige Rockgruppe „Dr. Stage", mit der er als Sänger bis Ende der 90er Jahre zahlreiche Achtungserfolge, wie Kul-turförderpreis-Auszeichnung, Fernseh- und Radioauftritte, zahl-reiche Konzerte etc., absolvierte. Zu Beginn dieses Jahrhun-derts folgte dann die Band „Flursn?", bei der er als Sänger und Schlagzeuger gleichzeitig agierte, und in 2008 begann er ein neues Live-Band-Projekt mit dem Namen „OnyxOrange".

Neben seinen musikalischen Live-Projekten produzierte Man-fred Hilberger aber vornehmlich eigene Solo-CDs (bis 2009 bereits zehn an der Zahl), bei denen er fast alle Instrumente selbst einspielte. Dabei präsentiert er stets seine eingängige Rock-/Popmusik mit ansprechenden und tiefgründigen deutschsprachigen Texten.

Neben der Musik interessierte Hilberger sich aber stets auch für das Schreiben. So hat er bis 2009 bereits mehr als 1.800 deutschsprachige Liedertexte verfasst, die zum Teil auch von anderen Musikern interpretiert werden. In der bundesweiten Musikszene machte er sich zudem vor allem als Autor seiner musikalischen Fachbücher ‚Das Rock- & Popbusiness', ‚CD-Herstellung von A - Z' und ‚GEMA – leicht gemacht!' (erschienen beim renommierten Voggenreiter Verlag) einen anerkannten Namen.

Zudem verdient der selbständige Musiker und Buchautor sein Geld auch mit dem Zeichnen von Auftrags-Portraits und dem Malen von Acryl-Gemälden und weitere kreative Tätigkeiten.

Durch den Tod seiner Schäferhündin, die neun Jahre lang seine beste Freundin und treueste Begleiterin war, kam er Ende 2007 dann auf die Idee, Erzählungen zu verfassen, die sich mit dem Sinn des Lebens, der Liebe, dem Tod und anderen wichtigen Dingen, wie Freundschaften, Arbeit etc. beschäftigen. Entstanden ist dabei das Buch ‚Flügelschlag der Engel', das im Frühjahr 2008 erschien und seither mit positiven Kritiken überhäuft wird. Zudem arbeitet Manfred Hilberger bereits an einer neuen belletristischen Erzählung.

Weitere ausführliche Infos über Manfred Hilberger und seine Aktivitäten finden sie im Internet unter: **www.hilberger.de**.

Einige bisherige Veröffentlichungen des Autors Manfred Hilberger:

"Flügelschlag der Engel",
das aktuelle
Belletristik-Buch
mit Kurzgeschichten
zum Nachdenken über
das Leben, die Liebe
und den Sinn

CDs (zu beziehen bei **www.hilberger.de**):

CD ‚Magie'   CD ‚Egoist'   Doppel-CD ‚So weit, so...'
(2009)   (2007)   (2005)

Musikfachbücher (zu beziehen bei **www.music-book.de**):

Buch ‚GEMA –   Buch ‚CD-Herstel-   Buch ‚Das Rock- &
leicht gemacht!'   lung von A-Z'   Pop-Business'

Hilberger's Portraits und Zeichnungen finden Sie unter
www.Portrait-vom-Foto.com.